Andreas Holzhausen
Susanne Riderer

Durch den Horizont sehen

Bibelverse aus ungewohnter Perspektive –

Inspirationen aus der Werkstatt
der Bibelübersetzer

Bibliographische Information der Deutschen Nationalbibliothek
Die Deutsche Nationalbibliothek verzeichnet diese Publikation
in der Deutschen Nationalbibliografie; detaillierte bibliografische
Daten sind im Internet über http://dnb.dnb.de abrufbar.

ISBN 978-3-95776-027-2

© 2014, 3. Aufl.

Wycliff e.V., Siegenweg 32, 57299 Burbach
www.wycliff.de

VTR, Gogolstr. 33, 90475 Nürnberg
www.vtr-online.com

Umschlaggestaltung und Foto: Werner Riderer

Satz: VTR

Printed in Germany

Inhalt

Vorwort

Überall auf der Welt schlagen sich Bibelübersetzer mit dem Problem herum, dass in den Sprachen ohne christliche Tradition für wichtige Begriffe aus der Welt der Bibel keine entsprechenden Wörter zur Verfügung stehen. Das muss nicht heißen, dass eine Übersetzung der Bibel unmöglich ist. Sonst hätten wir auch keine Lutherbibel. Die Übersetzer müssen aber Wege finden, den entsprechenden Begriff mit den Mitteln der jeweiligen Sprache auszudrücken. Das kann mit einem bildhaften Ausdruck geschehen, mit einer Umschreibung oder auch mit der Prägung eines ganz neuen Ausdrucks. Genaue Sprachkenntnis bzw. Sprachgefühl, tiefe Einblicke in die Kultur und manchmal auch Erfindungsgabe sind notwendig, um solche Entsprechungen zu finden. Wir haben einige der interessantesten Beispiele aus aller Welt zusammengestellt. Sie bieten nicht nur überraschende sprachliche Wendungen, sondern gewähren auch einen Blick in die Denk- und Lebensweise des jeweiligen Volkes. Vor allem aber können sie auch ein neues Licht auf biblische Wahrheiten werfen.

Viele zentrale Begriffe des christlichen Glaubens haben sich uns ja in der klassischen, aber etwas altertümlichen Sprache der Lutherbibel eingeprägt. Sicher haben wir auch eine ungefähre Vorstellung davon, was sie bedeuten. Aber es besteht die Gefahr, dass sie zur frommen „Sonntagssprache" degradiert werden, zu Wörtern, die ihren Platz im sonntäglichen Gottesdienst oder in der Predigt haben, aber nicht im alltäglichen Leben. Begegnen sie uns aber in der uns fremden Vorstellungswelt eines anderen Volkes, kann das ein völlig neues Licht auf altgewohnte Wörter werfen. So ist es unsere Hoffnung, dass dieses Büchlein nicht nur ein interessantes Lesevergnügen bereitet, sondern auch einen Vorrat an Beispielgeschichten für Predigten und Bibelarbeiten bereitstellt. Ein Index der entsprechenden Begriffe und der behandelten Bibelstellen soll den Gebrauch dazu erleichtern.

Andreas Holzhausen
Wycliff Deutschland

Durch den Horizont sehen

Der Missionar Albert Hoffmann lebte in Neuguinea. Ewiges Leben
Für die Bibelübersetzung in eine der einheimischen Hoffnung
Sprachen suchte er lange Zeit vergebens nach einem Tod
Wort für Hoffnung.
Er berichtet: „Wir begnügten uns mit ‚warten', fühlten aber, wie wenig wir damit sagen konnten. Im Jahre 1909 reisten wir wieder nach Neuguinea aus, wobei wir unsere drei Kinder in Europa zurückließen. Eineinhalb Jahre später schenkte Gott uns einen Sohn. Aber kaum war das Kind ein Jahr alt, wurde es todkrank und starb.

Als ich am nächsten Vormittag den Sarg zimmerte und Träne auf Träne die gehobelten Bretter netzte, beobachtete mich aufmerksam ein Einheimischer. Endlich fing er teilnahmsvoll an:

‚Dein Sohn ist tot, werdet ihr jetzt weggehen?'

‚Nein.'

‚Aber ihr werdet auch sterben, was machen dann eure Kinder?'

‚Die sind in Gottes Hand.'

‚O Hoffmann', sagte der Einheimische, ‚was seid ihr Jesus-Leute für Menschen! Ihr habt andere Herzen als wir. Aber nicht wahr, ihr könnt durch den Horizont sehen?'

‚Ja', sagte ich, ‚mein Freund, das können wir…' Und dabei kam mir die Lösung unseres Übersetzungsproblems in den Sinn: Durch den Horizont sehen – das ist ein schönes Wort für Hoffnung."

Quelle: Lebenserinnerungen, von Albert Hoffmann.

Jesus den Rücken kehren

Glaube
Vertrauen

In der Ngyemboon-Sprache von Kamerun gibt es kein einfaches Wort für „glauben". Dafür existiert aber der eigenartige Ausdruck „jemandem den Rücken zuwenden". Diese Formulierung beruht auf einem eher befremdlichen Zug in der Moral des Ngyemboon-Volks: Es ist dort geradezu üblich, andere Menschen um persönlicher Vorteile willen zu überlisten und zu betrügen, selbst Freunde und Verwandte. Wenn man aber von jemandem sagen kann, dass man ihm den Rücken kehren kann, ohne dass er dies zu einer Betrügerei ausnutzt, dann ist das ein Ausdruck starken Vertrauens zu dieser Person. Auf diesem Hintergrund wird es verständlich, dass dieser Ausdruck für die Übersetzung des biblischen Wortes „glauben" gewählt wurde. Man kann Jesus tatsächlich ohne Furcht den Rücken kehren und sich darauf verlassen, dass er einem nicht „in den Rücken fällt".

Vergessen und Vergeben

Vergebung
Schuld

In der Demokratischen Republik Kongo haben einige Christen das Markus-Evangelium in ihre Sprache Ngbaka übersetzt. Ich schaute ihren Übersetzungsentwurf an und dabei fiel mir auf, dass für den Begriff „vergeben" zwei verschiedene Wörter benutzt worden waren. War es Gott, der vergab, dann stand da das Wort „ele", waren es Menschen, so hieß es „mboko". Das kam mir seltsam vor, deshalb fragte ich einen einheimischen Mitarbeiter, ob das etwas zu bedeuten habe. „O ja", meinte er, „das

Wort ‚ele‘ bedeutet, dass man etwas vergeben und vergessen hat. So vergibt ja Gott unsere Schuld. Aber wenn ein Mensch einem anderen etwas Böses vergibt, dann erinnert er sich doch noch immer an das Böse, das ihm angetan wurde. Deshalb haben wir in solchen Fällen das Wort ‚mboko‘ eingesetzt. Es bedeutet soviel wie ‚etwas entschuldigen‘.“

Schon jahrelang hatten die Christen diese beiden verschiedenen Wörter für Vergebung benutzt, weil sie ihrem natürlichen Verständnis entsprachen. Ich zeigte dem Übersetzer Bibelstellen, die ganz klar darauf hinweisen, dass wir einander genauso vergeben sollen, wie Gott uns vergibt. Erst daraufhin war er einverstanden, dass wir in der Übersetzung in beiden Fällen das gleiche Wort benutzen müssen. Aber er meinte: „Das wird aber schwer sein, wirklich zu ‚ele‘, zu vergeben und zu vergessen!“

Von Margaret Hill, Demokratische Republik Kongo

Bezahlt mit Blut

Mabel Pamulkan ist Australierin und gehört zum Wik-Munkan-Volk. Sie hilft mir, ihre Sprache zu erforschen, und ermöglicht mir tiefe Einblicke in die Kultur und Bräuche ihres Volkes. Dabei stießen wir neulich auf die Formulierung „chaapar theetath“, welche wörtlich übersetzt bedeutet „sein Blut für jemanden geben“. Was sollte das nun wieder bedeuten? „Nun“, erklärte Mabel, „heute macht das niemand mehr. Aber früher gehörte es dazu, wenn ein junger Mann ein Mädchen heiraten wollte. Dann ging er nämlich zu dem Vater des Mädchens

Blut
Braut
Bräutigam
Erkaufen
Erlösung

und bat um die Einwilligung zur Hochzeit. Dieser sagte dann zu dem jungen Mann: ‚Komm her, ich werde dich mit dem Speer stechen, danach kannst du meine Tochter heiraten.' Daraufhin musste der junge Mann dem Vater den entblößten Oberschenkel hinhalten. Der Vater nahm dann einen Speer mit einer langen, gezackten Spitze und stieß ihn dem Jungen in den Oberschenkel. Damit demonstrierte der junge Mann, dass es ihm ernst war mit der Bitte um die Hand der Tochter, so ernst, dass er sogar bereit war, den Schmerz für sie zu ertragen. Wenn der Vater das Blut am Bein herunterlaufen sah, sagte er: ‚Gut, du hast dein Blut gegeben, nun kannst du meine Tochter zur Frau nehmen.' Daher kommt der Ausdruck ‚chaapar theetath', ‚ein Mann gab sein Blut'."

Ohne sich dessen bewusst zu sein, hatte Mabel eine wunderbare Illustration für das biblische Konzept der Erlösung formuliert! Auch Jesus war ja bereit, sein Blut für seine Braut, die Gemeinde, zu geben, um sie für sich zu gewinnen. So wird dieser Ausdruck an verschiedenen Stellen in der Bibelübersetzung seinen Platz finden.

Nach einem Bericht von Chris Kilham, Australien

Ich sterbe für dich

Liebe
Sterben
Freundschaft

In Dorfgemeinschaften in Papua-Neuguinea, in denen das Zusammenleben hauptsächlich durch die verwandtschaftlichen Beziehungen geregelt ist, kann man auf die Dauer nicht als Fremder leben. So war es auch beim Ogea-Volk, wo mein Mann und ich lebten und uns bemühten, die Sprache zu erforschen. Eines Tages „adoptierte" mich eine Frau, die mir besonders zugetan war, als ihre Tochter. Ihr Name ist Sigu. Zu ihr entwickelte sich bald ein herzliches Verhältnis und eines Abends, als wir wieder zusammensaßen, meinte sie plötzlich: „Weißt du, ich sterbe für dich, und ich denke, du stirbst auch für mich." Diese Redewendung hatte ich noch nie gehört, so fragte ich zurück: „Was meinst du damit?" Sigu erklärte mir geduldig: „Für jemanden sterben heißt, ihm sein ganzes Inneres zu geben."

Ich war offensichtlich auf das Ogea-Wort für „lieben" gestoßen. Es freute mich natürlich von Herzen, dies auf so persönliche Weise durch diese Frau zu erfahren. Aber zugleich war es auch ein wichtiger Fund für unsere Übersetzungsarbeit, handelte es sich doch um eins der wichtigsten Schlüsselwörter im Neuen Testament. Wir hatten nicht nur ein passendes Ogea-Wort gefunden, sondern in seiner Bildhaftigkeit unterstrich dieser Ausdruck auch noch eine geistliche Wahrheit. Jesus selbst hat ja einmal seine Liebe zu uns so umschrieben: „Niemand hat größere Liebe als die, dass er sein Leben lässt für seine Freunde." Obwohl die Ogea das Evangelium zu diesem Zeitpunkt noch nicht kannten, gab es in ihrer Sprache eine Formulierung, die geradezu prädestiniert war, die Botschaft von der Liebe Gottes auszudrücken.

Mit diesem Ogea-Wort konnte ich nun auch Sigu von der Liebe Jesu erzählen. Sie hat es verstanden, und eines Abends erzählte sie mir, dass sie Christus ihr Leben übergeben hat. Es dauerte nicht lange, bis ich dies auch durch ihr Leben bestätigt fand.

Von Sandi Colburn, Papua-Neuguinea

11

So sehr hat Gott die Welt geliebt

Glaube
Ewiges Leben

„Also hat Gott die Welt geliebt, dass er seinen eingeborenen Sohn gab, auf dass alle, die an ihn glauben, nicht verloren werden, sondern das ewige Leben haben." Welche Bibelstelle wäre wohl besser geeignet, in knapper und doch umfassender Weise den Inhalt des Evangeliums wiederzugeben, als diese Worte aus Johannes 3,16? Umso mehr Grund für die Bibelübersetzer beim Antipolo-Ifugao-Volk auf den Philippinen, sich mit diesem Vers besondere Mühe zu geben.

Beim oberflächlichen Durchlesen scheinen sich keine besonderen Schwierigkeiten zu ergeben. Uns Deutsche könnte an der alten Luther-Übersetzung höchstens das Wort „eingeboren" verwirren, weil es heute nicht mehr dem ursprünglichen Sinn entspricht. Darum verwenden moderne Übersetzungen statt dessen das Wort „einzig" und machen damit die Bedeutung verständlicher. Aber blicken wir doch einmal dem Ifugao-Übersetzer über die Schulter und verfolgen seine Versuche, die Worte des Evangelisten in der Sprache der Antipolo-Ifugao auszudrücken.

Ein erstes Problem ist das Wort „Gott". Einen allgemeingültigen Begriff gibt es in dieser Sprache nicht, noch weniger ein Wort, das nur den Gott der Juden und Christen bezeichnet. Die Ifugao verehren mehrere Götter, der wichtigste ist Meknengan. Er ist allmächtig und gut zu den Menschen; er hat alle Dinge erschaffen und lebt ewig. Damit ist sicher noch nicht alles ausgedrückt, was es über Gott zu sagen gibt, aber das Wort baut auf dem auf, was die Ifugao bereits von Gott erahnen. Ähnlich benutzten die Verfasser des Neuen Testaments das griechische Wort „Theos", das ja auch für die Götter der Griechen verwendet wurde. Nur das weitere Lesen der Bibel und die eigene Erfahrung werden den Lesern in größerer Fülle aufschließen, wer Gott wirklich ist.

Sodann stößt der Übersetzer auf das Wort „geliebt". Auch die Antipolo-Ifugao kennen ein Wort für lieben, aber es ist wesentlich weiter gefasst als das griechische Wort. Man benutzt es, wenn man etwas begehrt, wünscht, gerne hat oder liebt. Bezieht es sich auf eine Person, dann bedeutet es meist „lieben" im korrekten Sinn. Nun sagt der biblische Text aber, dass Gott „die Welt" geliebt habe. Die Ifugao würden das dann so verstehen, dass Gott die Erde so sehr begehrt habe, dass er seinen Sohn dafür hergab. Das ist natürlich nicht der Sinn dieser Bibelstelle. Johannes meinte ja nicht die physische Welt, sondern die Gesamtheit aller Menschen auf der ganzen Erde, auf die Gottes Liebe gerichtet ist. Deshalb ergänzt der Übersetzer den Satz mit „alle Menschen auf der Erde" und bringt damit für die Ifugao unmissverständlich zum Ausdruck, worum es geht.

Nun fehlt noch das Wörtchen „also". Im heutigen Deutsch würden wir eher sagen „so sehr". Aber es findet sich einfach kein entsprechendes Wort. Statt dessen entdeckt der Übersetzer die Vorsilbe „naka", die vor das Verb gesetzt wird. Sie drückt etwa dasselbe aus: Gott liebt mit großer Kraft, über das zu erwartende Maß hinaus. Also wird die Vorsilbe angefügt und damit der Sinn hergestellt.

Die nächste Schwierigkeit ist die Aussage, dass Gott seinen „Sohn" gab. Auch dafür fehlt das genau entsprechende Wort; die Ifugao kennen nur das allgemeinere Wort „Kind". Man könnte es ergänzen zu „Kind, das ein Junge war". Aber das wäre eine schwerfällige, unnatürliche Ausdrucksweise. Außerdem würden die Ifugao in der Betonung der Männlichkeit des Kindes einen Hinweis sehen, dass Gott eben nur den Jungen, nicht aber ein Mädchen gab. Also belässt es der Übersetzer bei dem Wort Kind. Er kann ja davon ausgehen, dass es an vielen anderen Stellen im Evangelium deutlich zum Ausdruck kommt, dass es sich um einen Sohn handelte.

Nun heißt es noch, dass Gott seinen Sohn „gab". Dies würden die Ifugao nie sagen, denn sie verwenden das Wort nur für das Geben von Dingen. Menschen „gibt" man nach ihrer Auffassung nicht. Auch darauf muss der Übersetzer Rücksicht nehmen. Als Ersatz wird schließlich das Wort „senden" gewählt.

Auch beim Ausdruck „verlorengehen" stockt der Übersetzer. Die Ifugao kennen zwar ein Wort für verlieren, aber das trägt nicht den erweiterten Sinn von „zugrunde gehen, verderben", den der neutestamentliche Ausdruck hat. Die Leute dort haben auch keine Vorstellung von ewiger Strafe oder einer Hölle. Gemäß ihrer traditionellen Religion glauben sie, dass die Menschen nach dem Tod in die Unterwelt gelangen und dort als Geistwesen weiter existieren. Aber das wird nicht als Strafe, sondern als das Schicksal aller Menschen aufgefasst. Trotzdem baut der Übersetzer auf dieser Vorstellung auf, versucht aber noch zu ergänzen, dass hinter dem biblischen Wort etwas Schreckliches, Furchterregendes steht. Das Ergebnis seines Versuches ist ein ganzer beschreibender Satz für das eine Wort: „Sie werden ferne von Gott in der Unterwelt der Dunkelheit sein." Da kommen ihm doch Bedenken. Geht das nicht zu weit? Geht er damit nicht über den Urtext hinaus? Aber was für andere Möglichkeiten bieten sich ihm? Schließlich will er bei seinen Leuten doch nicht die Vorstellung erwecken, dass Jesus nur gekommen sei, um sie davor zu bewahren, irgendwo im Urwald verlorenzugehen und nicht mehr gefunden zu werden!

Eine letzte Schwierigkeit bietet der Ausdruck „ewiges Leben". Für das Wort ewig ließe sich der Ifugao-Ausdruck „nicht endend" verwenden. Aber wenn man es dabei beließe, könnten die Leute das nur missverstehen. Entweder würden sie darin ihre traditionelle Vorstellung von der Fortexistenz im Totenreich sehen oder ein Weiterleben, ohne zu sterben. Beides trifft nicht den Sinn der Stelle. Also muss auch hier eine erklärende Umschreibung zum Ausdruck bringen, was gemeint ist: „Ihnen wird ein zweites Leben bei Gott gegeben werden, das nie enden wird."

Ein einziger Vers – aber wie viele Fragen gab es zu klären, wie viele Probleme zu bedenken! Ja, Bibelübersetzung ist kein einfaches Unternehmen. Es erfordert gute Sprachkenntnisse, Fingerspitzengefühl und auch den Mut, über die gewohnte Vorstellung einer wörtlichen Übersetzung hinauszugehen, um die Bedeutung des Urtextes voll zum Ausdruck zu bringen. Aber das ist der Mühe wert, denn nun können auch die Antipolo-Ifugao es in ihrer Sprache hören und verstehen: „Da Meknengan so sehr alle Menschen auf der Erde liebt, sandte er sein einziges Kind, damit alle Menschen, die an ihn glauben-gehorchen, nicht ferne von Gott in der Unterwelt der Dunkelheit sein werden, sondern ihnen ein zweites Leben bei Gott gegeben wird, das nie endet."

Nach einem Bericht von Richard Hohulin, Philippinen

Sich an die Brust schlagen

Reue
Demut In Lukas 18,13 wird von einem Zöllner berichtet, der sich schuldbewusst an seine Brust schlägt und Gott um Gnade bittet. Beim Kasena-Volk in Burkina Faso (Westafrika) ist das Schlagen an die eigene Brust ein Ausdruck von Hochmut und Stolz. Diese Geste würde eher zu dem überheblichen Pharisäer in der Geschichte passen. Um auszudrücken, dass ihm etwas leid tut, würde ein Kasena die Hände ineinander schlagen. Das tut der Zöllner dann auch in der Kasena-Übersetzung.

Nach einem Bericht von Urs Niggli, Burkina Faso

Nimm dein Bett

Heilung
Wunder „Endlich einmal wieder ein leichter Vers, bei dem es keine Probleme gibt", so dachte ich, als wir beim Bericht von der Heilung des Gichtbrüchigen in Markus 2 an den Vers 9 gekommen waren: „Steh auf, nimm dein Bett und gehe heim!"

Ohne lange zu überlegen, übersetzten wir „Bett" mit „ode", denn so nennen die Ebira in Nigeria ihre Schlafstätte. Als wir allerdings einmal Gelegenheit hatten, so ein „ode" zu sehen, kamen uns Zweifel an der Richtigkeit unserer Wahl. Es handelt sich einfach um eine Er-

16

höhung des Lehmfußbodens. Diesen Sockel kann man gar nicht von der Stelle bewegen, und außerdem wäre das Ding viel zu schwer zum Tragen. Folglich könnte Jesus dem Geheilten nicht befehlen, sein „ode" zu nehmen und nach Hause zu gehen, sonst würden wir Verständnisprobleme heraufbeschwören, die es im Grundtext gar nicht gibt.

Dann versuchten wir das Wort „iveedi" einzusetzen, das die Ebira für die importierten Betten mit Metallrahmen benutzen. „Nimm dein ‚iveedi' und geh nach Hause", wie kommt das an? Als wir diese Fassung prüften, fragten unsere Zuhörer ganz erstaunt: „Hatten die denn damals schon solche modernen Betten?" Damit hatte sich auch dieses aus dem Englischen entlehnte Wort als ungeeignet erwiesen, denn der Ausdruck war nicht allgemein genug. Er bezeichnet ein aus Japan importiertes Bettgestell aus Metall.

So blieb uns nichts anderes übrig, als typisch afrikanisch zu übersetzen und das Wort „uvene" (Matte) einzusetzen. Wir hatten dann noch etwas präziser formuliert: „Rolle deine Matte zusammen und geh nach Hause!" Damit war für uns das Problem gelöst – aber noch nicht für die Ebira. Eines Tages bemerkten wir nämlich das Erstaunen auf dem Gesicht eines Mannes, der die Geschichte noch nie vorher gehört hatte. Auf mein Nachfragen hin meinte er: „Es ist schon ein Wunder, dass die Matte nicht zerriss, als die vier Männer ihren kranken Freund damit trugen und durch das Dach hinunterließen." Eine Matte dient zwar zum Schlafen, ist aber viel zu schwach zum Krankentransport. Bliebe das Wort „uvene" also im Text, würden viele Ebira es für ein

Wunder halten, dass die Matte nicht zerriss. Damit wäre die Aufmerksamkeit der Leser vom eigentlichen Wunder, der Heilung, abgelenkt. Also mussten wir weiter nach einem passenden Ausdruck für „Bett" suchen. Erst Monate später stießen wir auf das Wort „odooro", das mit „Tragbahre" übersetzt werden könnte. So ein Ding wird aus alten Stoffresten und Lumpen zusammengesetzt, die dann an zwei Stöcken befestigt werden. So kann man bequem einen Kranken zu zweit oder viert tragen. Erleichtert ersetzten wir das Wort „Matte" durch „Tragbahre", und wir waren dankbar, dass wir den Geheilten endlich in Ruhe nach Hause ziehen lassen konnten: „Rolle deine Tragbahre zusammen und geh nach Hause!"

Aber eines Tages wurden wir gefragt: „Warum musste denn der Mann die Tragbahre zusammenrollen und wieder mit nach Hause nehmen?" – „Ja, was macht denn ein vernünftiger Mensch mit so einer Tragbahre?" fragte ich sofort zurück. „Das ist doch klar, die alten Lumpen schmeißt man weg", musste ich mir sagen lassen. Also war nochmals eine Änderung fällig.

Jetzt sagt Jesus in Matthäus 9 und Markus 2 in Ebira: „Steh auf, nimm deine Tragbahre, und dann geh nach Hause!" So bleiben die alten Lumpen nicht in dem fremden Haus liegen, aber es wird auch nicht ausdrücklich gesagt, was nachher damit geschah. Nun verstehen die Ebira endlich genau das, was auch die ursprünglichen Leser des Matthäus- und Markus-Evangeliums verstanden, als sie den griechischen Text lasen.

Von Hans-Jürgen Scholz, Nigeria

18

Lösegeld

Lösegeld
Erlösung
Stellvertretend

Die Männer rund um den Tisch haben wieder einmal diesen ratlosen Ausdruck auf ihren Gesichtern und ich ahne, dass sie damit nur meinen eigenen ratlosen Gesichtsausdruck widerspiegeln. „Da haben wir es wieder", scheinen sie zu denken. „Er sucht nach einem Wort. Aber nach welchem?"

Da ich ihnen nicht einfach das Wort „Lösegeld" auf Englisch sagen und eine Übersetzung erwarten kann, versuche ich es anders: „Damals, in den Tagen der Kämpfe, da habt ihr Feinde gefangen genommen, richtig?" – „Ja." – „Ist es da jemals vorgekommen, dass ihr das Angebot gemacht habt, einen Gefangenen lebend freizulassen, sozusagen den Mann, die Frau oder das Kind für irgendetwas zu verkaufen? Vielleicht für Muscheln oder Schweine oder irgendetwas dergleichen?"

Die Frage ist für sie absurd. Sie lachen und scheinen sich über mich lustig zu machen. Jemals etwas so Materialistisches in Betracht zu ziehen, ist unter ihrer Würde. Ihre Kriege und Morde waren immer Rache für den Tod. Ihr einziger Zweck war es, einen Ausgleich zu schaffen.

Hapele jedoch, einer der Männer, kommt ins Nachdenken. Er scheint zu verstehen, worauf ich hinaus will. „Wir haben so etwas Ähnliches", sagt er. „Es ist nicht ganz dasselbe. Und bei einem Feind haben wir das nie gemacht, nur unter unseren Klans. Es heißt ‚duputapó'." Ich kenne das Wort, es bedeutet „Handel". „Erzähl mir davon", sage ich.

„Du weißt ja, die Dinge müssen immer ausgeglichen sein. Aber manchmal gelingt ein Ausgleich nicht, zumindest nicht vollständig. Vor allem, wenn es sich um die eigenen Leute handelt. Das ist so wie das, was mit Wótale passiert ist. Es ist noch gar nicht lange her. Wir legten einen neuen Garten an und Wótale fällte einen der großen Bäume. Ein kleines Stück hangabwärts arbeitete eine Frau an einer Sago-Palme. Jeder wusste von der Anwesenheit des anderen und Wótale sagte ihr immer wieder, dass sie weggehen solle, aber sie wollte noch ein wenig weitermachen. Sie wusste ja, dass es einige Zeit dauert, bis so ein großer Baum umfällt, so arbeitete sie weiter. Als Wótale die Fallkerbe fertig hatte, rief er wieder zu ihr hinunter, aber sie ging immer noch nicht weg. Dann plötzlich – viel früher als von allen erwartet – ächzte der Baum und begann zu fallen. Er schrie und sie rannte, aber es war zu spät. Der Baum fiel genau auf sie und zertrümmerte ihren Schädel. Sie starb.

Wótale rannte weg und versteckte sich im Männerhaus. Alle Klanbrüder der toten Frau gingen sofort los, holten ihre Bogen, Pfeile und Äxte. Wie ein Mann marschierten sie zum Männerhaus, stellten sich davor auf und verlangten Gerechtigkeit. Sie forderten Wótales Leben für das Leben der Frau, die er umgebracht hatte. ‚Aber es war doch ein Unfall', protestierten seine Klanbrüder aus dem Inneren des Langhauses. ‚Das macht keinen Unterschied, er hat es getan', riefen sie zurück. ‚Aber er hat sie doch gewarnt', brüllten sie. ‚Das spielt keine Rolle', brüllten die anderen zurück. Wótale setzte keinen Fuß vor die Schwelle, aber nach einer Weile wagten sich seine Klanbrüder hinaus und sie nahmen Gegenstände mit. Sie begannen, alles Mögliche auf dem Boden auszubreiten: Bastumhänge, Stoffe, Äxte, Buschmesser, bis hin zu Salz und sogar Schweinen. Das waren lauter Schätze, Dinge, die sie ohne zwingenden Grund nie weggegeben hätten. Während der Berg von Waren anwuchs, hörte der Klan der Frau nicht auf, Drohungen zu brüllen und die Leute von Wótale schrien noch immer aus Leibeskräften zurück. Es war ein Handeln und Feilschen, wie viel es kosten würde, um für ein Menschenleben zu bezahlen, und es ging weiter und weiter, bis jemand vom Klan der Frau rief: ‚Supó!‘ Das bedeutet ‚genug‘. Dann sagte der Anführer von Wótales Klan: ‚Duputapó.‘ Das schloss die Sache ab. Es war ein Handel. Die Männer des leidtragenden Klans hoben all die wertvollen Dinge auf, führten die Schweine weg und gingen nach Hause. Danach kam Wótale heraus. Er war frei und musste keine weiteren Vergeltungsmaßnahmen fürchten.“

„Wie wäre es, wenn wir dieses Wort in diesem Bibelvers verwenden“, überlege ich laut und formuliere etwas unbeholfen: „Wir waren in Gefahr, getötet zu werden, aber Jesus kam und machte einen Handel. Er gab an unserer Stelle sein Leben und wir konnten frei ausgehen.“ Hapele nickt: „‚Duputapó‘, und Gott sagte ‚supó‘.“

Einer der alten Männer hat die ganze Zeit aufmerksam zugehört. Jetzt lehnt er sich vor, eine große Kina-Muschel schwingt auf seiner nackten Brust hin und her. „Das ist kaum zu glauben! Das gab es noch nie, dass ‚duputapó‘ eine Person war. In der Vergangenheit haben wir alles Mögliche als Handel für einen Klanbruder gegeben. Wirklich viel. Aber niemals haben wir einen Menschen gegeben. Und kein Mensch würde sich selbst geben!“ Er schaut in die Runde zu den anderen, das Weiß seiner Augen leuchtet aus tief liegenden Augenhöhlen. Er lehnt sich mit einem Seufzer zurück, so, als sei das jenseits seines Fassungsvermögens. Dann sagt er das, was sie immer sagen, wenn ihnen etwas besonders tief ins Herz geht: „Wir sterben von der Köstlichkeit dieser Rede."

Von Neil Anderson, Papua-Neuguinea

Ein Lamm heilt den Riss

Lamm Gottes
Sühne
Mittler
Versöhnung
Blut
Schuld
Strafe
Opfer
Friede

Eines Abends kam unser Mitarbeiter Paulo Lopyem ganz unerwartet mit der Nachricht zu uns: „Morgen früh findet das Nyekubuto-Versöhnungsopfer statt. Wenn du willst, kannst du mitkommen!" Eigentlich hatte ich den Tag schon mit Schreibtischarbeiten verplant, aber Abweichungen vom Arbeitsplan sind hier bei den Topossa im Südsudan die Regel.

Was war geschehen? Ein Bruder von Lopyem war drei Wochen zuvor bei einem Schusswechsel getötet worden. Infolgedessen war ein tiefer Riss zwischen den beteiligten Klans (Großfamilien) entstanden, der so weit ging, dass niemand mehr mit einem Angehörigen des anderen Klans redete oder aß. In solchen Fällen muss eiligst der Sühnepreis ausgehandelt werden, gewöhnlich 15 Kühe. Dazu wird ein unbeteiligter Mann bestimmt, der die Rolle des Unterhändlers übernimmt. Dies war alles schon geschehen, nun sollte endlich der Sühnepreis bezahlt werden. Im Morgengrauen trafen wir uns vor dem Gehöft des Mannes, der den Totschlag begangen hatte. Vertreter der streitenden Parteien und eine größere Anzahl neutraler Beobachter waren schon zusammengekommen. Man öffnete den Dornenzaun und führte die

22

fünfzehn Kühe als Sühnepreis heraus. Nach Abschluss der Bezahlung wurde ein Lamm als Versöhnungsopfer geschlachtet. Dabei saßen sich die verfeindeten Parteien gegenüber, und die Männer aßen und tranken verschiedene Dinge, die sie füreinander mitgebracht hatten. Zum Schluss musste jeder seine Lippen mit dem Blut des Opferlammes benetzen, um die Versöhnung zu vollenden. Alle standen auf und sagten: „Es ist vollbracht." Damit war der Riss geheilt und der Friede wiederhergestellt.

Was für ein wunderbares Bild für das einmalige Versöhnungsopfer, das Jesus vollbracht hat. Der Sühnepreis für unsere Schuld wurde voll bezahlt und durch sein Opfer wurde die Feindschaft zwischen Gott und seinen Geschöpfen beseitigt. Ich war sehr froh, an dieser Versöhnungszeremonie teilgenommen zu haben. Durch sie haben wir wertvolle Anknüpfungspunkte gefunden, die es uns erleichtern, das Werk Jesu zu erklären: der Sühnepreis, das Opferlamm, die Rolle des Blutes, und die vollständige Versöhnung zwischen zwei verfeindeten Parteien. Sicher werden viele Wörter, die wir durch diese Zeremonie gelernt haben, einen Platz im Neuen Testament für das Topossa-Volk finden.

Von Martin Schröder, Sudan

Das Lamm

„Siehe, das ist Gottes Lamm, welches der Welt Sünde trägt", heißt es in Johannes 1,29. In einer australischen Sprache gibt es weder ein spezielles Wort für „Lamm" noch für „Sünde". Deshalb wurde diese Aussage über

Jesus
Lamm Gottes
Sühnung
Sünde

23

Jesus folgendermaßen übersetzt: „Dieser ist wie das Junge von einem Schaf von Gott. Er, der Kommende, wird wegnehmen eure bösen Dinge, welche ihr tut." Ist das nun eine gute Übersetzung? Ich fragte mich, ob die australischen Leser ohne das Hintergrundwissen aus dem Alten Testament verstehen können, warum Jesus als „Lamm" bezeichnet wird. Eine Rückfrage bei einem Einheimischen ergab dann auch, dass es ihm völlig unverständlich war, was es mit diesem Lamm auf sich hatte. Für die ursprünglichen jüdischen Leser des Johannes-Evangeliums war die Parallele zum Alten Testament ohne weiteres klar: Es ging um das Opferlamm, das man als Sühne für die eigene Schuld im Tempel darbrachte. Aber woher sollten die australischen Ureinwohner das wissen? Wir entschlossen uns, einen kleinen erklärenden Zusatz in den Bibelvers einzufügen: „Er ist wie das Junge von einem Schaf, *das von Gott zur Sühnung gegeben wird*." Auf diese Weise kann jeder nachvollziehen, was für die jüdischen Leser ohnehin selbstverständlich war.

Von Dave Hargrave, Australien

Denkt Gott an unsere Sünden?

Buße
Sünde
Vergebung

Um übersetzte Bibeltexte auf ihre Richtigkeit zu prüfen, liest man sie auch Nichtchristen vor, die sie bisher noch nie gehört haben. Durch Rückfragen versucht man dann festzustellen, ob und wie sie den Text verstehen.

Einmal lasen wir einem jungen Mann aus dem Krumen-Volk (Elfenbeinküste) die ersten Verse des Markus-Evangeliums vor. Dort ist die Rede von Johannes dem

Täufer, der in der Wüste „die Taufe der Buße zur Vergebung der Sünden" predigte (Markus 1,4). Wie in vielen Sprachen Afrikas kann man Vorgänge wie Taufe, Buße oder Vergebung nicht mit Hauptwörtern ausdrücken. Deshalb hatten wir übersetzt: „Johannes verkündete: ‚Ändert euch von Grund auf und kehrt um zu ́Gott. Er wird euch eure Sünden vergeben!'" Beim Ausdruck „Sünden vergeben" hatte der einheimische Übersetzer das französische Lehnwort „pardon" eingesetzt, das in der Kirche durchweg dafür verwendet wird. Also fragten wir den jungen Mann: „Was macht Gott nun mit den Sünden?" Zu unserem Entsetzen meinte er: „Nun, Gott wird unsere Sünden nahe an sein Herz legen", was bedeutet, dass er immer daran denkt. Wie konnte es sein, dass unsere Übersetzung das Gegenteil von dem bedeutete, was wir sagen wollten?

Des Rätsels Lösung fanden wir im umgangssprachlichen Gebrauch des Wortes „pardon". Die Krumen benutzen es nämlich außerhalb der Kirche, wenn sie jemanden um einen Gefallen bitten. Dann meinen sie eben, der Gebetene möge sich die Angelegenheit zu Herzen nehmen und immer daran denken. Irgendwann zu Beginn des 20. Jahrhunderts, als die ersten Missionare in dieses Gebiet kamen, hatten sie das französische Wort für „vergeben" eingeführt, weil sie kein einheimisches Wort fanden, aber sie haben wohl nie geprüft, ob es auch richtig verstanden wurde. Nun, nach dieser Entdeckung machten wir uns schleunigst auf die Suche nach einem besseren Ausdruck. Uns kam ein Wort aus der Schule in den Sinn: Wenn man mit Kreide etwas auf die Wandtafel schreibt, kann man es mit einem Lappen auslöschen.

Dafür benutzt man das Wort „wuwla". Das steht nun bei Johannes dem Täufer und an vielen anderen Stellen, wo vom Vergeben die Rede ist. Nach über einem halben Jahrhundert des Missverständnisses wird den Krumen nun klar, dass Gott etwas besseres im Sinn hat, als ständig an unsere Sünden zu denken.

Nach einem Bericht von Peter Thalmann, Elfenbeinküste

Jesus war Mensch

Fleisch
Jesus
Mensch
Wort

An einem Spätnachmittag war es soweit: Der letzte noch fehlende Vers des Johannes-Evangeliums sollte für die Mamainde von Brasilien übersetzt werden. Ich hatte Johannes 1,14 bis zum Schluss aufgespart, einerseits, um alle zur Übersetzung nötigen Wörter parat zu haben, andererseits aber auch aus reiner Ehrfurcht vor seiner gewaltigen Aussage: „Das Wort wurde Fleisch und wohnte unter uns, und wir sahen seine Herrlichkeit, eine Herrlichkeit als des eingeborenen Sohnes vom Vater, voller Gnade und Wahrheit."

Mein Mitarbeiter Timoteo ist ein sehr aufgeweckter junger Mann. Außerdem ist es ihm ein Anliegen, Gott wirklich zu kennen. Wir begannen mit der Arbeit an dem schwierigen Satz: „Das Wort wurde Mensch und lebte unter uns." Die Sonne schien nun nicht mehr so heiß, obwohl die Luft immer noch feucht und schwer war. Mücken schwirrten in aufgebrachten Schwärmen über uns hinweg. Irgendwie störten sie mich heute nicht so sehr wie sonst. Wir redeten, grübelten, suchten. Wie sollte man das begreifen, dass das „Wort" Mensch wurde? Wie ging das zu? Was ist Gnade? Was ist Herrlichkeit? Wie kann ein Mensch voller Wahrheit sein?

Inzwischen ging die Sonne ganz unter. Eine kühle Abendbrise verscheuchte die Moskitos und wirbelte meine Notizblätter durcheinander. Ich zündete einige Kerzen an. In ihrem flackernden Licht sah ich Timoteos angespanntes Gesicht. Schließlich gab er mir recht nüchtern zu verstehen, dass er zufrieden sei: zufrieden, dass er verstanden hatte, zufrieden, dass wir den Vers in der richtigen Weise aufgeschrieben hatten. Nun wollte er zu seinem Haus und an sein Feuer zurückkehren.

Ich stand auf, reckte mich und freute mich auf ein verspätetes Abendessen. Aber da hörte ich Timoteo mit lautem Rufen durch das Dorf eilen. Ich traute meinen Ohren nicht: „Hallo", rief er so laut er konnte, „kommt alle her und hört mir zu! Dieser Jesus Christus war nicht nur ein Geistwesen, wie wir bisher dachten, sondern gleichzeitig auch Mensch. Er war beides und doch in einer Person!" Die Mamainde versammelten sich eilig und redeten aufgeregt durcheinander, während sie sich ans Feuer hockten. Ich vergaß mein Abendessen, ging hinüber und hörte zu. Fasziniert wurde ich Zeuge, wie Timoteo in ausgezeichneter Weise seiner Familie und seinen Freunden die tiefe geistliche Wahrheit erklärte, die er selbst gerade begriffen hatte.

Sie sprachen noch immer über Johannes 1,14, als ich durch die Dunkelheit nach Hause ging. Der Geist Gottes hatte sein Werk getan. Das Wort war mitten ins Herz eines Amazonas-Indianers eingedrungen und hatte Licht gebracht.

Von Peter Kingston, Brasilien

Vergebung und Kieferknochen

Feindschaft
Schuld
Vergebung

Das Wort „Vergebung" ist sicher eines der wichtigsten im Neuen Testament. So standen auch die Bibelübersetzer beim Kyaka-Volk auf der Insel Neuguinea vor der Frage, wie sie „Vergebung" wiedergeben sollten. Wie so viele Sprachen hatte das Kyaka dafür kein Hauptwort zur Verfügung. Schließlich geht es ja auch nicht um etwas, was man sehen oder anfassen kann. Erschwerend kam allerdings noch hinzu, dass Vergebung unter den Kyaka auch durchaus nicht als erstrebenswert galt, im Gegenteil: *Rache* spielte in ihrer Kultur eine viel größere Rolle. Wenn bei ihnen jemand ermordet wurde, dann nahmen die Familienangehörigen dem Toten den Unterkieferknochen heraus, reinigten ihn und hängten ihn am Türpfosten der Hütte auf. Das erinnerte alle daran, dass der Tod gerächt werden musste – wann immer sich eine Gelegenheit bot, und sei es erst in der nächsten Generation.

Als nun Menschen aus diesem Volk zu Jesus fanden, wurden sie auch mit seiner Aufforderung konfrontiert, anderen, ja sogar ihren Feinden, zu vergeben. Sie kamen nicht um die Frage herum, was sie nun mit den Kieferknochen an ihren Türpfosten tun sollten. Es fiel ihnen nicht leicht, die jahrhundertealten Forderungen ihrer Kultur über Bord zu werfen, aber schließlich sagten sie sich: Gott hängt wegen unserer Schuld keine Kieferknochen gegen uns auf, also können wir auch keine gegen andere Menschen aufhängen. Also nahmen alle Christen die Kieferknochen von ihren Türen, brachten sie zusammen und verbrannten sie öffentlich. Das war ein starker Ausdruck ihres neuen Glaubens an Jesus! Und seitdem wird die Redewendung, die das Verbrennen der Kieferknochen bezeichnet, bei ihnen als Ausdruck für Vergebung benutzt.

Unverfälschte Liebe

Wie sollten wir den Begriff „Liebe" für das muslimische Jula-Volk an der Elfenbeinküste übersetzen? In der muslimischen Vorstellung von Gott fehlt das Attribut „Liebe" im Sinne von Agape-Liebe, also der Liebe der Selbsthingabe, wie sie uns das Neue Testament bezeugt. Die hervorstechende Eigenschaft Allahs im Koran ist seine Barmherzigkeit. In den wenigen Fällen, wo der Koran von Allahs Liebe spricht, bezieht er sich auf eine an Bedingungen geknüpfte Liebe, nicht unbedingt auf Agape-Liebe.

Bedingungslose Liebe

Erbarmen

Sehen wir Johannes 3,16 an: Die Jula-Bibelübersetzer, die alle ehemalige Muslime sind, übersetzten zunächst „Gott hatte ein solches Erbarmen mit der Welt ...". Das ist natürlich nicht korrekt. Doch hatten sie die muslimische Vorstellung von Gott so tief verinnerlicht, dass sie an nichts anderes als an „Erbarmen" denken konnten. Allerdings spricht dieser Text nicht von „Barmherzigkeit", sondern von „Liebe"; zwischen beiden muss unterschieden werden. Daraufhin wählten die Übersetzer das neutralste oder edelste Wort für „Liebe" in der Jula-Sprache, ein Wort ohne erotische Anklänge. Dies wurde mit einem neuen, spezifisch christlichen Inhalt im Sinne von Agape-Liebe gefüllt. Diese Übersetzung spricht die Jula an. Mehrere Jula sind bereits durch diesen Vers zum Glauben gekommen.

Von Fritz Goerling, Westafrika

29

Von Pandanussbäumen und Opossums

Eigentum
Heiliger Geist
Schutz
Siegel

In der Sprache des Oksapmin-Volkes in Papua-Neuguinea gibt es kein Wort für „Siegel". Als Marshall Lawrence und sein Team das Neue Testament in diese Sprache übersetzten, mussten sie sich also Gedanken machen, was Paulus mit dem Begriff „Siegel" ausdrücken wollte. Sie stellten fest, dass man dabei drei mögliche Verwendungen unterscheiden kann:

1. Ein Siegel kann ein Zeichen für Echtheit sein (vgl. 1. Korinther 9,2: *„das Siegel meines Apostelamts seid ihr"*).

2. Ein Siegel zeigt, dass ein Gegenstand demjenigen gehört, dessen Siegel man benutzt. (vgl. 2. Korinther 1,21f: *„...Er versiegelte uns mit dem Heiligen Geist,* um zu zeigen, dass wir ihm gehören").

3. Ein Siegel garantiert den Schutz des versiegelten Gegenstands (vgl. Matthäus 27,65f: *Jesu Grab wurde versiegelt,* damit die Jünger den Leichnam nicht stehlen würden).

In manchen Bibelstellen ist nur einer dieser Gedanken wichtig, manchmal auch mehrere gleichzeitig. So wahrscheinlich auch bei Paulus in Epheser 1,13: Durch den Heiligen Geist wird erstens deutlich, dass wir zu Gott gehören, zweitens sind wir so als echte Kinder Gottes gekennzeichnet – wir sind keine Imitate. Drittens wird uns durch das Siegel Schutz garantiert bis zu dem Tag, an dem Jesus wiederkommt. Die Bibelübersetzer hatten wenig Hoffnung, eine Formulierung in Oksapmin zu finden, die alle drei Aspekte abdeckt. So legten sie zunächst den Schwerpunkt auf den Aspekt des Eigentumsrechts: *„Gott hat euch mit seinem Geist gekennzeichnet,* *damit deutlich wird, dass ihr zu ihm gehört.*"

Als die Bibelübersetzer ihren Text später noch einmal in Ruhe durchlasen, sagte einer von ihnen, Guhyem, plötzlich: „Wartet mal kurz. Das klingt als ob Paulus sagen will, Gott habe uns gekennzeichnet, indem er seinen *tup* um uns gelegt hat." Marshall Lawrence fragte nach: „Ist das nicht eine Vogelfalle? Ich verstehe nicht, wie das hier in diesen Zusammenhang passt." – „Ja, ein *tup* ist eine Vogelfalle, das stimmt", sagte Guhyem, „aber es ist auch etwas, das wir um den Pandanussbaum binden. Kennst du die Pandabäume, die den Trampelpfad entlang wachsen?" Marshall Lawrence nickte. Den ganzen Trampelpfad entlang wuchsen Pandanussbäume. Es waren einzigartige Pflanzen mit Blätterbüscheln, die wie Haarbüschel nach oben wachsen und mit Luftwurzeln, die nach unten wachsen. „Manche dieser Bäume wurden von Menschen gepflanzt", sagte Guhyem, „andere wachsen wild. Man kann die gepflanzten und die wild gewachsenen Bäume aber nicht dadurch unterscheiden, dass man sie bloß ansieht. Außerdem pflanzen manche Leute die Bäume weit entfernt von dem Dorf, in dem sie leben. Das heißt also, dass nicht jeder Baum, der an einer einsamen Stelle steht, automatisch ein wild gewachsener Baum ist. Manchmal wächst an solchen entlegenen Stellen entlang des Trampelpfades ein ganzes Dutzend solcher Bäume, und während manche von ihnen wild gewachsen sind, sind andere das Eigentum von Personen aus verschiedenen Gegenden. Während der Nussernte darf jeder von den wild gewachsenen Nussbäumen Nüsse pflücken, aber von den anderen Bäumen darf nur der jeweilige Besitzer die Nüsse ernten. Darum wollen die

Besitzer der Bäume sicherstellen, dass jeder weiß, dass ihr Baum keiner der wild gewachsenen ist. Deshalb nehmen sie drei oder vier steife Blütenkelche, die vom Baum gefallen sind, und binden sie um den Stamm des Baumes. Das ist ein *tup*."

Und Guhyem fuhr fort: „Aber das ist noch nicht alles: Opossums klettern gerne auf die Pandabäume und fressen die Nüsse, bevor sie reif genug sind, um gepflückt zu werden. Deshalb binden die Besitzer der Bäume die *tups* so um den Stamm, dass die Opossums nicht hinaufklettern können."

Das *tup* zeigt also nicht nur, dass der Baum einen Besitzer hat, sondern zusätzlich schützt es den Baum auch noch und macht außerdem deutlich, dass es sich um einen echten Pandanussbaum handelt. Alle drei Bedeutungen, die Paulus mit dem Bild des Siegels ausdrücken wollte, waren damit abgedeckt: Eigentumsrecht, Schutz und Echtheit. Die Übersetzer revidierten mit Begeisterung ihre vorläufige Fassung von Epheser 1,13 und schrieben: „Gott hat euch gekennzeichnet, indem er ein *tup* um euch gebunden hat – den Geist, den er schon vor langer Zeit versprochen hat."

Von Marshall Lawrence, Papua-Neuguinea

Ein Kreuz für die Rendille

Kreuz
Kreuzigung

Vieles, was zum Leben in Palästina gehörte, ist andernorts unbekannt. So können sich zum Beispiel die Rendille in Kenia absolut nichts unter einer Kreuzigung vorstellen. Wie könnte man den Bericht von der Kreuzigung und all die vielen Stellen, in denen vom Tod Jesu am Kreuz die Rede ist, übersetzen?

Ein Rendille-Muttersprachler schlug eine anschauliche Lösung vor: „Jesus wurde *lakaaha*", meinte er. Wörtlich übersetzt bedeutet der Ausdruck „aufgespannt und festgenagelt". Man verwendet ihn für das Aufspannen einer Tierhaut zum Trocknen. Dabei wird die Haut gestreckt und auf einen Holzrahmen genagelt. Durch einen Zusatz muss noch deutlich gemacht werden, dass dies getan wurde, um Menschen zu töten. Die Formulierung „lakaaha" führt den Rendille vor Augen, wie grausam Jesus für unsere Schuld getötet wurde.

Nach einem Bericht von N. Swanepoel, Kenia

Der breite und der schmale Weg

Schon früh erfuhren wir von Schamanen aus dem Paumari-Volk in Brasilien, dass es bei ihnen einen Glauben an ein „Erneuerungsland" gibt. Jeder hofft, nach dem Tod in dieses Land zu gelangen. Sie erzählten uns: „Dort gibt es keinen Tod mehr. Man hat immer genug zu essen und man wird auch nicht mehr krank; man bleibt ewig jung und es gibt keine Traurigkeit mehr." Sie zeigten auf die Milchstraße und erklärten: „Das ist der breite Weg, welcher zum Erneuerungsland führt." Das Problem bei dieser ganzen Sache war jedoch, so erklärten sie uns, dass niemand ganz sicher sein könne, ob er es dorthin schafft, weil man nach dem Tod noch vielen Gefahren ausgesetzt sei und auch eine Menge Proben bestehen müsse. Außerdem könne niemand ganz sicher sein, ob er in diesem

Ewiges Leben
Himmel
Weg

33

Leben alle Rituale und Tabus genau eingehalten habe.

Als wir das Lukas-Evangelium übersetzten, kamen wir zu der Stelle, wo Jesus auf die enge Pforte und die beiden Wege hinweist. Die Paumari-Frau, die uns beim Übersetzen half, war sichtlich beeindruckt, als sie dies zum ersten Mal hörte. Ich zeichnete die beiden Wege auf ein Blatt Papier und klebte es an die Wand. Viele Paumari kamen, um die Zeichnung zu sehen. Dieses Thema war für sie offensichtlich von sehr großem Interesse.

Am nächsten Tag kam Omararina, der Hauptschamane, und erzählte uns, dass er in der Nacht im Traum eine weiß gekleidete Person gesehen habe. Die Person habe vor einer engen Pforte gestanden, von Licht und Glanz umgeben, und zu ihm gesprochen: „Der *schmale* Weg ist der, welcher zu dem wahren und einzigen Gott führt. Gehe zu Shirley und Meinke und frage sie, wie du auf diesen Weg kommst."

Danach erzählte er uns, dass die Schamanen schon lange wissen, dass es nicht nur den breiten, sondern auch einen schmalen Weg gibt. Er gestand: „Bisher hat sich niemand getraut, diesen Weg zu beschreiten, denn niemand weiß genau, wo er hinführt. Einige fürchten, dass am Ende dieses Weges ein Feuer lodert, welches jeden, der versucht, diesen Weg zu gehen, für immer verschlingt."

Wir zeigten Omararina die Bibelstelle im Lukas-Evangelium, die wir gerade übersetzt hatten. Seine eigene Deutung war, dass die Person, die er im Traum gesehen hatte, Jesus Christus war, der jeden einlädt, ihm auf dem schmalen Weg nachzufolgen. Jesus Christus, Gottes Sohn, kam in diese Welt, um den Weg für uns zu Gott frei zu machen, damit wir schon in diesem Leben ganz sicher sein können, dass wir nach unserem Tod in das Erneuerungsland, also in den Himmel, kommen. Dies war für die Paumari eine wunderbare Nachricht und am gleichen Abend entschlossen sich die ersten dieser Volksgruppe, ab sofort Jesus nachzufolgen. Innerhalb einer Woche kamen alle Männer, Frauen und Kinder aus diesem Dorf zum lebendigen Glauben an Jesus Christus, außer einer Familie. Dies war der Anfang der christlichen Gemeinde bei den Paumari am Purus-Fluss.

Von Meinke Salzer, Brasilien

Meinen Kelch trinken

In Markus 10,38 fragt Jesus Jakobus und Johannes, ob sie „von seinem Kelch trinken" können. Manche moderneren Übersetzungen ins Deutsche ersetzen „Kelch trinken" erklärend durch „leiden". Beim Tussian-Volk in Burkina Faso (Westafrika) ist die wörtliche Übersetzung perfekt verständlich: In der Tussian-Sprache gibt es eine Redewendung, die exakt passt: „Du kannst nicht aus meinem Becher trinken" heißt soviel wie „du kannst nicht so viel ertragen wie ich".

Kelch
Leiden

Von Hannes Wiesmann, Burkina Faso

Weißgewaschene Afrikaner?

In Psalm 51,9 steht die Bitte um Vergebung: „Wasche mich, dass ich schneeweiß werde." Der Ausdruck

Reinheit
Weiß

„schneeweiß" bedeutet für die meisten Afrikaner natürlich nichts. In der Cerma-Sprache (Burkina Faso) sagt man dafür normalerweise „weiß wie der Vollmond". Doch in diesem Vers hatten die Übersetzer geschrieben: „Dusche und schrubbe mich mit Wasser, bis ich nur so glänze." Ich fragte, ob man da nicht doch die weiße Farbe, das Symbol für Reinheit, einfügen könne. Die Antwort kam prompt: „Aber nein, sicher nicht, das verstünde ja kein Mensch. Du kannst einen Afrikaner noch so lange waschen, der wird nie weiß. Wenn er richtig sauber ist, dann glänzt er!"

Von Andrea Suter, Burkina Faso

Ein Wort für Sünde wird gesucht

Sünde
Begehren
Ungehorsam

Zusammen mit meinem einheimischen Mitarbeiter Pedrinho übersetzte ich die ersten biblischen Geschichten in die Kaingang-Sprache von Brasilien. Wir arbeiteten zunächst am Alten Testament, danach kamen Geschichten aus dem Leben Jesu an die Reihe. Diese interessierten Pedrinho besonders. Als wir von der Geburt Jesu, dann von den Wundern, die er tat, und schließlich von seinem Tod sprachen, konnte Pedrinho das gar nicht begreifen. Er fragte: „Warum musste denn Jesus sterben, wenn er so ein guter Mann war?" Ich kannte damals noch kein Wort für „Sünde" in der Kaingang-Sprache und konnte ihm also nicht erklären, warum Jesus für uns gestorben ist. Die Wörter für „an unserer Stelle" hatte ich auch noch nicht gefunden. Ich versuchte es zunächst mit Portugiesisch: „Was heißt denn pecado (Sünde)?" fragte ich. Die einen sagten mir: „Das ist doch was Schlechtes." Aber Krankheit ist auch „Schlechtes", jedoch noch keine Sünde. Andere meinten: „Das ist, wenn man der Mutter nicht gehorcht." Wieder andere meinten: „Das ist, wenn man sich betrinkt." Aber niemand schien den allgemeinen Begriff für „Sünde" in Kaingang wiedergeben zu können.

Eines Tages sagte Pedrinho: „Jetzt weiß ich, was du brauchst. Du brauchst das Wort ‚to én'." „Und was bedeutet das?" Er erklärte mir, dass es ein starkes Begehren ausdrückt. Nun war das zwar immer noch nicht das eigentliche Wort, das ich brauchte, aber immerhin half es mir, endlich das 10. Gebot zu übersetzen. Die anderen Gebote hatten wir schon übersetzt, aber für das zehnte fehlte eben dieses Wort.

Wir übersetzten also: „Begehre nicht deines Nächsten Haus, noch seine Frau, noch seinen Ochsen, noch seinen Esel, noch alles, was dein Nächster hat." Am folgenden Tag überarbeiteten wir noch einmal alles; und als wir fertig waren, fragte mich Pedrinho: „Sag mal, heißt das eigentlich, dass wir Gottes Wort schon brechen, indem wir das, was unser Nachbar hat, nur begehren?" Ich musste seine Frage bejahen. Aber dann ging mir ein Licht auf: „Gottes Wort brechen" – das war der Ausdruck, den ich so lange gesucht hatte. Einmal hatte ich ihn schon gehört, aber in dem Sinn „wenn man das Wort des Regierungsbeamten bricht". Wenn man ihm ungehorsam ist, so hat das ziemlich schwere Folgen. Man kommt zumindest für ein paar Tage ins Gefängnis. Dieser Ausdruck „Gottes Wort brechen" bedeutet für die Indianer zuerst einmal, dass Gott Person ist. Das aber ist in ihrer Reli-

gion nicht verankert; und auch nicht, dass dieser Gott
redet, dass man auf diese Ansprache reagieren kann und
man ihm gehorchen muss. Dementsprechend war ihnen
auch fremd, dass manche nicht gehorchen und dies dann
Folgen nach sich zieht. Jetzt endlich konnte ich Pedrinho erklären, warum Jesus gestorben ist: weil wir Gottes
Wort gebrochen haben. Pedrinho begriff.

Von Ursula Wiesemann, Brasilien

Sauerteig oder Galle

Sünde

Heiligung

Sauerteig

Reinheit

Im 1. Korintherbrief gibt Paulus Anweisungen, wie man
sich gegenüber einem unmoralischen Gemeindemitglied
verhalten soll. In Kapitel 5,6 heißt es: „Wisst ihr nicht,
dass ein wenig Sauerteig den ganzen Teig durchsäuert?".
Geduldig erklärte ich meinem bewährten Mitarbeiter aus dem Gahuku-Volk alles über Sauerteig und seine Funktion beim Brotbacken. Er schüttelte resigniert
den Kopf und sagte: „Wir können versuchen, es so zu
übersetzen, wenn du möchtest, aber die Leute werden
es nicht verstehen. Sie wissen nicht, wie man Brot backt.
Ebenso wenig wissen sie, was Sauerteig ist oder was er
bewirkt. Wie sollen sie dann verstehen, was Paulus hier
sagt?" Einer plötzlichen Eingebung folgend sprach er
weiter: „Es gäbe eine andere Möglichkeit. Wenn wir ein
Tier schlachten, gibt es ein kleines Teil an seinem Kör-
per, das wir niemals zerschneiden, weil sonst das ganze
übrige Fleisch ungenießbar wird." Er meinte wohl die
Galle, und er schlug vor: „Wir können es so übersetzen:
Die Galle ist ein kleines Ding, aber wenn nur ein wenig

davon mit dem Fleisch zusammen gekocht wird, wird das ganze Gericht bitter. Wisst ihr das etwa nicht?"

Er war ziemlich überzeugt von seiner Version, aber ich hatte Bedenken. „Wie steht es denn dann mit dem nächsten Vers, in dem Paulus sagt, dass wir den alten Sauerteig ausfegen sollen?", fragte ich. „Oh, das ist nicht schwierig", erwiderte er. Dann erklärte er mir, dass es unter den Gahuku Sitte ist, das Wort Galle auch im übertragenen Sinne zu benutzen, um eine böse Eigenschaft einer Person zu bezeichnen, und fügte hinzu: „Wir sagen einfach: ‚Sondert dieses widerliche Zeug aus eurer Mitte aus, und ihr werdet wirklich wohlschmeckend sein'."

Ich wollte mich rückversichern und besprach seinen Vorschlag mit anderen Kollegen. Danach war auch ich überzeugt, dass wir einen vortrefflichen Ersatz für die biblische Sprachfigur „Sauerteig" gefunden hatten, und zwar einen, den die Gahuku nicht missverstehen können. Schließlich verstehen sie eine Menge vom Fleischkochen, aber überhaupt nichts vom Brotbacken.

Von Ellis Deibler, Papua-Neuguinea

Hornhaut auf dem Herzen

In vielen Sprachen ist es üblich, seelische Zustände und Charaktereigenschaften mit bestimmten Körperteilen zu verbinden. Auch die biblischen Ursprachen tun das oft. So werden zum Beispiel im Griechischen dem Mitleid die Eingeweide als Sitz zugewiesen. Allerdings deckt es sich durchaus nicht von Volk zu Volk, welche Eigenschaften welchen Körperteilen zugewiesen werden. So

Halsstarrigkeit
verhärtetes Herz
Unglaube

siedeln wir im Deutschen das Mitleid im Herzen an (jemand hat ein „weiches Herz").

Bei der Bibelübersetzung sind Ausdrücke wie diese besonders heikel. Das mussten auch die Übersetzer bei den Ichil-Indianern in Guatemala erkennen. Im Markus-Evangelium Kapitel 16,14 tadelt Jesus die Jünger wegen ihrer „Hartherzigkeit". Aus dem Zusammenhang wird klar, dass es darum ging, dass die Jünger starrsinnig an ihrem Unglauben festhielten und einfach nicht einsehen wollten, dass Jesus auferstanden war. Die Ichil-Mitarbeiter sahen kein Problem, den Ausdruck „hartherzig" in der Übersetzung zu benutzen, da er bei ihnen gang und gäbe sei. Dabei passte dieser Ausdruck absolut nicht: Für die Ichil ist Hartherzigkeit eine Bezeichnung für Mut. Aber Jesus verteilte hier ja keine Komplimente für den Mut der Jünger! Nach einigem Suchen kamen die Ichil dann auf den Ausdruck „Herz mit Hornhaut", der genau die Sache traf.

Übrigens würde auch im Deutschen der Ausdruck „hartherzig" an dieser Stelle nicht passen, denn es geht ja nicht um Geiz oder fehlendes Mitleid. Für uns wäre vielleicht eher der Hals als der passende Körperteil angebracht: „Ihr Halsstarrigen, warum könnt ihr nicht glauben?"

Sündenfall

Sünde
Sündenfall In vielen Völkern gibt es Erzählungen darüber, dass die Menschen ursprünglich einmal in Harmonie mit Gott gelebt haben, und dass diese Harmonie durch ein un-

glückliches Ereignis zerstört worden ist. Beim Djimini-Volk, das an der Elfenbeinküste lebt, hörte Wycliff-Mitarbeiter Wolfgang Stradner folgende Überlieferung:

„Früher einmal waren Himmel und Erde ganz nahe beieinander. Gott war damals noch nicht so weit von den Menschen entfernt wie heute. Doch eines Tages stießen die Frauen beim Stampfen des Getreides zu kräftig an den Himmel, und Gott zog sich verärgert zurück. Seither sind die Menschen von Gott getrennt."

Das wiederhergestellte Seil

Tief im Herzen des Sudan lebt das Volk der Murle. Bis vor wenigen Jahren waren diese Nomaden fast völlig isoliert von der Außenwelt und lehnten jede Veränderung ihrer Lebensweise ab. Als Missionare dort ein Leselernprogramm begannen, warnten Beamte der Provinzregierung: „Bei den Murle werdet ihr nichts erreichen!" So war es auch. Die Murle zeigten kaum Interesse an dieser fremden Idee, Wörter auf Papier zu bringen und von dort wieder abzulesen. Auch für den christlichen Glauben hatten sie nichts übrig.

Die Murle sind überzeugt, dass in ihrer Steppenheimat böse Geister ihr Unwesen treiben. Wenn ein Unglück geschieht, wie z.B. der Tod eines Kindes, dann sind die Murle überzeugt, dass diese Geister dafür verantwortlich sind. Deswegen geben sie ihren Kindern abscheuliche Namen, z.B. Geier oder Hyäne. Diese scheinbare Lieblosigkeit soll die bösen Geister irreführen und sie dazu bewegen, ihre Kinder in Ruhe zu lassen.

Opfer
Sünde
Sündenfall
Versöhnung

Allerdings kennen die Murle auch eine Überlieferung, die verblüffende Parallelen zur biblischen Schöpfungsgeschichte enthält. Diese Überlieferung erzählt von einem Gott, der die Erde erschaffen und den Mann aus Staub und die Frau aus einer Rippe des Mannes gemacht hat. Damals verband ein Seil die Erde mit dem Himmel; über dieses Seil konnten die Menschen zu Gott gelangen, wann immer sie wollten. Aber eines Tages lehnte die Frau sich gegen Gott auf und schnitt das Seil durch. Seither sind die Menschen von Gott getrennt – so die Überlieferung der Murle. Sie wissen, dass Gott immer noch dort ist, und sie fragen sich, ob das Seil jemals repariert werden kann.

Das ganze Leben der Murle dreht sich um ihre Kühe. Wenn ein Junge erwachsen wird, bekommt er in einer feierlichen Zeremonie einen Ochsen geschenkt, seinen „Namensochsen". Bei diesem Anlass wird sein hässlicher Name gegen einen schönen Namen ausgetauscht. Dieser Ochse wird dann der kostbarste Besitz des jungen Mannes.

Bei den Murle gehört jeder Mann einer Gruppe an, die gemeinsam auf die Jagd geht und Entscheidungen trifft. Die Zugehörigkeit zur Gruppe ist für einen Mann wichtiger als die zu seiner Familie. Wenn ein Murle ein Verbrechen begeht, wird er je nach Schwere der Tat geschlagen oder sogar hingerichtet. Aber die schlimmste Strafe ist der Ausschluss aus der Gruppe, denn das bedeutet völlige Isolation und Verachtung. Es gibt nur einen Weg, um die Gemeinschaft mit den anderen wiederherzustellen und Versöhnung zu erlangen: Der geliebte „Namensochse" muss getötet werden. Die Kultur der Murle fordert also einen hohen Preis für die Wiedergutmachung von Unrecht.

Als die Murle hörten, dass Gott seinen geliebten Sohn auf die Erde gesandt hat, um die Gemeinschaft mit den Menschen wiederherzustellen, wurden sie plötzlich hellhörig. Jesu Tod am Kreuz entsprach ja genau ihrer Vorstellung von der Versöhnung durch ein Opfer. Es ging beim Evangelium also gar nicht um eine „westliche" Idee, wie sie bisher gemeint hatten, sondern um die Erfüllung ihrer eigenen Hoffnungen. So wurde das Kommen Jesu für die Murle zu dem Tag, an dem das Seil zum Himmel wiederhergestellt wurde.

Ziel verfehlt

Für das Sandawe-Volk in Tansania ist der Begriff „Sünde" sehr abstrakt. Deshalb wurde eine bildhafte Formulierung gefunden, die den Sinn des Wortes sehr schön wiedergibt: „das Ziel verfehlen".

Sünde
Verfehlung
Ziel

Da die Sandawe geschickte Bogenschützen und Jäger sind, ist diese Formulierung für sie sehr einleuchtend. Und das Beste daran: „Das Ziel verfehlt" gibt auch den Sinn des griechischen Wortes für „Sünde" sehr genau wieder.

43

Der Mann, auf den Gott seine Hand gelegt hat

Christus
Messias

Die Angehörigen des Binumarien-Volkes in Papua-Neuguinea kennen den Titel „Messias" schon länger, doch er ist für sie einfach nur ein Fremdwort, ohne tiefere Bedeutung.

Beim Übersetzen des Matthäus-Evangeliums gibt sich Wycliff-Mitarbeiter Desmond Oatridge alle Mühe, einem Dorfältesten den Sinn des Wortes „Messias" zu erklären. Der Mann denkt eine Weile nach, dann meint er: „Ich denke, wir haben einen Ausdruck dafür. Wenn wir jemanden für eine besondere Aufgabe suchen, berufen wir eine Dorfversammlung ein. Haben wir den richtigen Mann gefunden, bilden wir einen Kreis und stellen ihn in die Mitte. Einer der Ältesten berührt ihn dann mit der Hand und sagt: ‚Du bist der Mann, den wir ausgesucht haben, um diese Aufgaben zu erfüllen.' Von da an nennen wir ihn ‚den Mann, auf den die Hand gelegt worden ist'."

Dieser Mann ist also so etwas wie ein „Bevollmächtigter", ein „Gesalbter", und genau das ist ja auch die deutsche Bedeutung von „Christus" bzw. „Messias". Der Dorfälteste, der den Begriff gefunden hat, erzählt sofort seinen Freunden davon: „Wisst ihr, was wir heute übersetzt haben? Wir haben herausgefunden, was das Wort ‚Messias' bedeutet! Es heißt ‚der Mann, auf den Gott seine Hand gelegt hat'." Die Leute sind erstaunt: „Ist das wahr? Dieses Wort hat eine Bedeutung?"

Von diesem Tag an verändert sich die Einstellung der Binumarien zur christlichen Botschaft spürbar. Vorher hielten sie die biblischen Geschichten für fiktive Erzählungen über einen Mann namens Jesus. Manche dachten auch, die Bibel enthalte Geheimrezepte, um Gott gütig zu stimmen. Doch seit der Übersetzung des Wortes „Messias" in ihre Sprache erkennen viele Binumarien, dass Gott seine Hand auf Jesus gelegt hat. Jesus ist von Gott selbst in die Welt gesandt worden, um eine ganz bestimmte Aufgabe zu erfüllen – für die Binumarien, und für alle Völker dieser Erde.

Der oberste Platz

Im Leben der Nso in Kamerun spielt der Status eines Mannes eine große Rolle. Besonders wichtig ist die Beachtung des Ranges bei den Zusammenkünften und Ratsversammlungen im Palast des Fon, des Königs der Nso. Die Ratsmitglieder sitzen nach der genau festgelegten Rangordnung der einzelnen Familien links vom Sitz des Fon; niemand würde es wagen, sich rechts von ihm niederzulassen.

Jesus
Thron
Herr
Dreieinigkeit

Die Tatsache, dass rechts immer die höher gestellte Person sitzt, fand auch in der Bibelübersetzung ihren Niederschlag. In Apostelgeschichte 2,34 und an verschiedenen anderen Stellen ist davon die Rede, dass Jesus „zur Rechten Gottes sitzt". Für die Nso würde das bedeuten, dass er Gott übergeordnet ist. Das will der Text aber nicht ausdrücken, denn bei den Juden war der Platz rechts neben dem König für seinen höchsten Beamten oder Stellvertreter reserviert.

Ähnlich verhält es sich in Markus 10,37. Dort bitten

zwei Jünger Jesus darum, bei der Errichtung des Reiches Gottes zu seiner Rechten und Linken sitzen zu dürfen. Diese Stelle würde die Nso verwirren, denn damit würde einer der Jünger Jesus übergeordnet. So wurden die Stellen übersetzt mit „auf dem höchsten Platz neben Gott" bzw. „auf dem höchsten Platz neben dir". Damit wird auch für die Nso klar, wer den wichtigsten Platz im Reich Gottes hat.

Von Karl Grebe, Kamerun

Der abgelehnte Stein

Eckstein
Hausbau
Jesus

Das Saliba-Volk in Papua-Neuguinea wohnt in Häusern aus Holz, die auf Pfählen stehen. Niemand bei den Saliba braucht Steine, um ein Haus zu bauen. Bei der Übersetzung der Apostelgeschichte in die Saliba-Sprache stolperten die Übersetzer über den Vers 11 von Kapitel 4: „Er (Jesus) ist *der Stein*, den die Bauleute abgelehnt und zur Seite gelegt haben. Dabei ist er der wichtigste Stein beim Hausbau."

Wie gesagt, die Saliba bauen nicht mit Steinen, und ihre Holzhäuser stehen auf Pfählen. Wenn sie die Löcher für die Pfähle graben, stoßen sie dabei manchmal auf Steine. Die werden dann ausgegraben und weggeschafft, denn sie sind für den Hausbau nur hinderlich. In diesem Sinne würden die Saliba auch den Bibeltext verstehen. Aber in dem Vers geht es ja gar nicht darum, dass ein hinderlicher oder nutzloser Stein zur Seite geschafft wird; im Gegenteil, es muss klar sein, dass der Stein von zentraler Wichtigkeit ist und ohne ihn eine ganz wesentliche Stütze beim Hausbau fehlt. Einer der Übersetzer sagte es gerade heraus: „So, wie wir diesen Vers übersetzt haben, versteht das keiner."

Schließlich einigten sich die Übersetzer auf einen Zusatz: Das allgemeine Wort für „Stein" wurde durch eine längere Konstruktion ersetzt: „kaba kabi numa wekuna", das bedeutet wörtlich: „der Stein, der ein Teil des Hausbaues ist". Damit lautet die revidierte Übersetzung von Apostelgeschichte 4,11: „Er (Jesus) ist *der Hausbaustein*, aber ihr Hausbauer habt ihn abgelehnt und zur Seite gelegt. Dabei ist er der wichtigste Stein beim Hausbau." Somit ist deutlich ausgedrückt, dass mit der Ablehnung von Jesus der wichtigste Teil des Hauses fehlt.

Von Rainer und Sabine Oetzel, Papua-Neuguinea

Jesus ist der Herr (1)

Beim Burunge-Volk in Tansania ist eigentlich niemand so recht „Herr" über jemand anderen. Deshalb hatte auch keiner von ihnen geglaubt, dass es in ihrer Sprache überhaupt ein Wort für „Herr" geben würde. Was also tun, wenn die Bibel in ganz unterschiedlichen Zusammenhängen von „Herr" spricht? Im Hebräischen wurde ja aus Ehrfurcht der Name Gottes oft nicht ausgesprochen und stattdessen „Herr" gelesen. Und im Neuen Testament wird „Herr" für Jesus gebraucht, insbesondere für Jesus, den auferstandenen Herrn.

Wie sollten wir auf dieser Grundlage einen angemessenen Titel für Jesus finden? Nach vielen Gesprächen erwiesen sich auch die Begriffe für Leiter im politischen

Herr
Jesus

und religiösen Bereich als untauglich. Die geistliche Bedeutung von „Herr" sollte ja in dem gewählten Titel auch zum Ausdruck kommen.

Ein einheimischer Pastor kam schließlich auf die richtige Spur: „Wenn bei uns jemand gestorben ist, dann sagen wir oft: ‚Er, der Eigentümer (Looimoo), hat ihn geholt.'" Gemeint ist damit der Hochgott Iliitleemu, an den die Burunge ihrer traditionellen Religion gemäß glauben. Er hat alles gemacht und hat Macht über alles, auch die Macht, Leben zu geben und zu nehmen.

Daraufhin testeten wir anhand von einigen Bibelstellen, ob der Begriff „Looimoo" auch im biblischen Kontext verwendet werden kann. Alle waren begeistert und so ist „der Herr" in Burunge nun „der Eigentümer, dem alles gehört".

Solche Erfahrungen sind auch für uns persönlich sehr bereichernd. Wie oft sagen oder lesen wir „Herr" und denken uns gar nicht viel dabei. Wenn ich jetzt stattdessen denke „der Eigentümer, dem alles gehört", dann hat das auch Auswirkungen auf mein Gottesverständnis.

Von Michael Endl, Tansania

Jesus ist der Herr (2)

Herr
Herrscher
Jesus Wenn im Neuen Testament davon die Rede ist, dass Jesus der „Herr" ist, der über uns „herrscht", dann war das Vorbild für diese Ausdrücke der römische Kaiser und andere absolute Herrscher jener Zeit. „Herrschen" schloss damals die uneingeschränkte Befehlsgewalt des Herrschers und den unbedingten Gehorsam der Untergebenen ein.

Für uns an Demokratie und Meinungsfreiheit gewohnten Mitteleuropäer ist die volle Bedeutung dieser Wörter kaum noch nachvollziehbar. Deshalb besteht durchaus die Gefahr, dass wir sie missverstehen und nicht im ursprünglich gemeinten Sinn beherzigen.

Völker, die Häuptlinge, Könige oder andere Herrscher kennen, verstehen diese Ausdrücke viel klarer und genauer. Das trifft auch auf das Volk der Aguacatec in Guatemala zu. Sie sind Nachfahren der Mayas und leben ganz in der Nähe der Ruinen der alten Maya-Hauptstadt Zaculeu. Dort ist noch heute der steinerne Thron zu sehen, von dem aus der Herrscher über das riesige Reich regierte. Der Respekt vor der Autorität des Herrschers hat sich bis heute in der Sprache der Aguacatec erhalten.

Als die Bibelübersetzer sich mit Versen beschäftigten, in denen von Jesus als „unserem Herrn" die Rede ist, weigerten sich die einheimischen Mitarbeiter, das wörtlich so zu übersetzen. Sie meinten: „Wenn Jesus der Herr ist, können wir ihn nicht besitzen!" Sie schlugen stattdessen die Wendung „Ajcaw ske'j" vor, die soviel wie „zu dem wir gehören und der über uns ist" bedeutet. Damit ist für die Aguacatec ein für alle Mal klar: Jesus gehört nicht uns, sondern wir gehören ihm!

Von Rita Peterson, Guatemala

Eckstein oder Mittelpfosten?

Der Mann aus dem Sabaot-Volk in Kenia war besorgt. „Ich habe das Markus-Evangelium in unserer Sprache mit der Suaheli-Bibel verglichen. Da ist ein Fehler in un-

Eckstein
Hausbau
Jesus

49

serem Buch! Hier in Markus 12,10 steht in der Suaheli-Bibel, dass der Stein, den die Bauarbeiter weggeworfen haben, zum Eckstein geworden ist. Aber in unserem Sabaot-Text heißt es an dieser Stelle, dass der Pfosten, den die Bauarbeiter verworfen haben, zum Mittelpfosten geworden ist."

Wycliff-Mitarbeiter Jim Leonhard fragte den Mann, was es denn wohl mit dem Eckstein auf sich habe, und brachte ihn damit in Verlegenheit. Bei den Sabaot werden nur leichte Rundhütten aus Ästen gebaut, Steine finden dabei keine Verwendung, auch nicht für das Fundament. Woher sollte er wissen, was ein Eckstein ist?

Da konnte Jim ihm erklären, dass es bei der Bibelübersetzung darum geht, den Sinn, den die Schreiber der Bibel ausdrücken wollten, so wiederzugeben, dass die Leser ihn möglichst genau erfassen können.

Darum hatte man bei der Übersetzung als Entsprechung für den unbekannten Eckstein den Mittelpfosten genommen. Er stützt in den Hütten der Sabaot das runde Dach ab. Ohne ihn würden die Hütten in sich zusammenfallen. Genau darum geht es ja in der Stelle mit dem Eckstein: Gott hat den Stock, den die Bauleute weggeworfen hatten, zum wichtigsten Teil des Hauses gemacht.

Erleichtert gab der Mann zu, dass diese Übersetzung tatsächlich sofort verständlich ist. Und das ist schließlich wichtiger als eine äußerliche Übereinstimmung mit der Bibel in Suaheli.

Geschlechtsregister sind Teil der Guten Nachricht

„Jetzt weiß ich, dass in diesem Buch die Wahrheit steht!" Der ältere Mann ist richtig aufgewühlt: Er hat angefangen, das erste Buch Mose in seiner Muttersprache Olo zu lesen und ist gerade bei einem der Geschlechtsregister angekommen. Er überlegt laut: „Kein Mensch hätte sich das alles jemals ausgedacht und dann auch noch aufgeschrieben. Aber Gott wollte, dass wir das alles wissen! Das hier ist die Wahrheit, diese Menschen haben wirklich gelebt und all das erlebt!" Und feierlich fährt er fort: „Diese Berichte in meiner Sprache, die verstehe ich. Und sie treffen mich mitten ins Herz."

Geschlechts-
register
Gottes Wort
Wahrheit

Über Jahrhunderte hinweg wurden diese Listen von Namen, die Geschlechtsregister, bewahrt und treu überliefert, damit die Olo in Papua-Neuguinea und viele andere Völker glauben können, dass die Bibel wahr ist.

In Übereinstimmung mit dem Apostel Paulus bezeugen die Wycliff-Mitarbeiter Bill und Rochelle Staley, die bei den Olo gelebt haben: „*Alles*, was in den Heiligen Schriften steht, ist nützlich... auch Geschlechtsregister."

Ein zorniger Gott?

Das Bimin-Volk in Papua-Neuguinea kennt vier Ausdrücke für Zorn: kaisuw (allgemein zornig), desi abuluk (grundloser Zorn, zorniger Charakter), digaka (stiller/brütender Zorn) und sakalala (lauter Zorn). Bei jedem der vier Wörter für Zorn klingen für die Ohren der Bi-

Gnade
Zorn

min sehr negative Obertöne mit, denn Zorn in allen vier Variationen hat für sie mit dem Verlust der Beherrschung zu tun. Menschen aus diesem Volk erwarten von „guten" Menschen, dass sie sich beherrschen können und nie zornig werden. Wenn also jeder weiß, dass Gott gut ist, wie kann er dann jemals zornig werden, also „nichtgut"?

In der Diskussion mit einem jungen Mann aus dem Bimin-Volk hat dieses Nachdenken über den Zorn Gottes plötzlich ein ganz tiefes Verständnis von Gnade bewirkt: Gott kann die Sünde nicht ertragen, wendet sich uns Menschen aber trotzdem gnädig zu.

Für den jungen Mann namens Bulus war dies eine Art „Wie bekomme ich einen gnädigen Gott-Erlebnis", wie bei Martin Luther. Und ich kann mich gut erinnern, dass Bulus seine neue Erkenntnis gleich im nächsten Gottesdienst an die anderen Gemeindemitglieder weitergab.

Von Thomas Weber, Papua-Neuguinea

Matthäus, Markus, Lukas

Gottes Wort
Wahrheit
Wirksamkeit
Zuverlässigkeit

Manche Leute fragen sich, warum das Evangelium nicht in einem einzigen, vollständigen Bericht überliefert ist, sondern in dreien, die sich überschneiden, ergänzen, und manchmal sogar scheinbar widersprechen. Ein Bericht aus Ecuador zeigt, wie Gott die Berichte von Matthäus und Markus gebraucht hat, um das Herz eines jungen Mannes aus dem Waorani-Volk zu berühren:

Der junge Mann, Tani, berichtete in einem Gottesdienst: „Wir haben ja schon lange diese kleinen Büchlein, das Matthäus- und das Markus-Evangelium. Weil ich gerne lese, kaufte ich ein Matthäus-Evangelium. Gott sprach zu mir und zeigte mir, dass ich so, wie ich war, nicht vor ihm bestehen konnte. Das wollte ich nicht hören. So hörte ich auf, darin zu lesen. Jahre später kaufte ich das Markus-Evangelium. Weil ich doch so gerne lese. Was meint ihr, was geschah? Gott sprach wieder zu mir, und es war genau die gleiche Botschaft wie schon beim Lesen des Matthäus-Evangeliums! Das hat mich überzeugt, deshalb glaube ich nun an Gott."

Von Rosi Jung, Ecuador

Welche Brüder lieben sich?

"Die brüderliche Liebe untereinander sei herzlich", ermahnt der Apostel Paulus die Leser des Römerbriefes (Römer 12,10).

Bei der Übersetzung in die Sprache des Waama-Volks tauchte an dieser Stelle ein Problem auf: Die Waama haben kein allgemeines Wort für Brüder, sondern je eines für den jüngeren und den älteren Bruder. Daneben gibt es noch ein Wort, das nur eine Schwester für ihren Bruder benutzt. Keines dieser Wörter wäre an dieser Stelle befriedigend.

Dann gibt es einen umfassenden Ausdruck, der so viel bedeutet wie "andere Kinder vom gleichen Vater". Dabei geht es um Nachkommen des gleichen männlichen Vorfahren. In einer Gesellschaft, in der ein Mann mehrere Frauen haben kann, hat dieser Ausdruck seine Berech-

Geschwister
Bruder
Liebe

tigung. Die Christen benutzen dieses Wort, wenn sie von Brüdern in Christus reden.

Das schien uns eine gute Lösung. Doch beim intensiven Nachprüfen stießen wir auf die allgemein bekannte Tatsache, dass Brüder, die den gleichen Vater, nicht aber die gleiche Mutter haben, sich häufig überhaupt nicht mögen und es viel Rivalität zwischen den Kindern verschiedener Mütter gibt. Für die Waama würde also die Ermahnung des Paulus eher sarkastisch klingen, wenn wir dieses Wort in der Übersetzung beließen. Eine Lösung brachte schließlich diese Wendung: „Liebt einander, wie sich Kinder der gleichen Mutter lieben". Das bringt auch bei den komplizierten Familienverhältnissen der Waama den Sinn des Verses zum Ausdruck.

Nach einem Bericht von Kathrin Pope, Benin

Brannte nicht unser Herz

Freude
Herz
Gottes Wort
Heilige Schrift

Im Bericht über die Emmaus-Jünger heißt es in Lukas 24,32: „Brannte nicht unser Herz in uns ...".

Dieser Ausdruck ist auch beim Kasena-Volk in Burkina Faso bekannt, aber in ihrer Sprache bezeichnet er Schrecken und Angst. Im Bibeltext soll er jedoch eine freudige Erregung ausdrücken. Deshalb heißt der Text in Kasena: „Verspürten wir nicht eine übergroße Freude?"

Von Urs Niggli, Burkina Faso

54

Aber wir essen gerne Schlangenfleisch

Viele Bibelverse scheinen leicht übersetzbar zu sein, weil sie Dinge erwähnen, die überall bekannt sind, wie z.b. Fische und Schlangen. Aber der vorsichtige Übersetzer ist auf der Hut und prüft jeden übersetzten Bibelvers mehrfach. So machte das auch Wendell Jones, als er mithalf, das Lukas-Evangelium in die Barasano-Sprache zu übersetzen. An einem Tag ging er zu seinem Freund Motero und las mit ihm zusammen Lukas 11,11: „Ist unter euch ein Vater, der seinem Sohn eine Schlange geben würde, wenn er um einen Fisch bittet?" Natürlich nicht – so würden wir, ähnlich wie die Juden zur Zeit Jesu, empfinden. Aber für Motero war das gar nicht selbstverständlich. Er und seine Familie essen nämlich gerne Schlangenfleisch. Es wäre sogar etwas Besonderes, wenn er eine Schlange aus dem Urwald mitbringen und sie seinem Sohn zu essen geben würde. Diese Vorliebe der Indianer für Schlangenfleisch macht die Stelle für sie natürlich völlig missverständlich. Jesus wollte damit illustrieren, dass selbst menschliche Väter ihre Kinder nicht enttäuschen, wenn sie um etwas bitten – um wie viel weniger der himmlische Vater. Für die Indianer ginge diese Pointe verloren, wenn sie die Stelle wörtlich übersetzten. Wendell und Motero mussten also herausfinden, welches Tier die Indianer ihren Kindern niemals zu essen geben würden. Sie entschlossen sich, das Wort „Aal" anstelle von „Schlange" zu benutzen, denn die Barasano verabscheuen Aale. Damit war nun auch für Motero und sein Volk der Sinn dieser Beispielgeschichte ersichtlich.

Von Larry Clark, Kolumbien

Vater
Kind
Gebet

Auf Sand gebaut (1)

Fels
Weisheit
Hausbau
Gehorsam

Wer kennt es nicht, das Gleichnis in Matthäus 7,24-27, in dem Jesus die Menschen, die sein Wort hören und befolgen, mit einem klugen Mann vergleicht, der sein Haus auf soliden felsigen Grund baut. Wer dagegen sein Wort nicht befolgt, wird mit einem törichten Mann verglichen, der sein Haus auf den Sand setzt. So einleuchtend ist für uns dieser Vergleich, dass er sogar als Sprichwort in die Umgangssprache eingegangen ist. Auch für die Zeitgenossen Jesu war es klar, dass niemand so dumm ist, ein aus Steinen gemauertes Haus auf sandigen Untergrund zu bauen.

Ganz anders jedoch in Papua-Neuguinea: „Alle werden lachen, wenn wir übersetzen, dass ein kluger Mann sein Haus auf Fels baut", protestierten die Übersetzer aus dem Manam-Volk, „das wäre völliger Unsinn." Die Manam bauen ihre Holzhäuser auf Pfählen hoch über dem sumpfigen Untergrund, um sich vor Überschwemmungen und Ungeziefer zu schützen. Würde man die Pfähle auf einen Felsen setzen, so hätten sie keinen Halt, und jeder Sturm würde das Haus wegblasen. Man rammt die Pfähle tief in den weichen Boden, um dem Haus Halt zu verleihen.

Eine wörtliche Übersetzung des Gleichnisses würde die Manam eher verwirren, als ihnen die Aussage Jesu zu veranschaulichen. Wie sollte man die Stelle dann übersetzen? Jesu Worte umdrehen und den klug nennen, der auf Sand baut, wollten sie nun auch nicht, denn das hatte Jesus ja nicht gesagt. Außerdem würde auch ein Pfahlbau im Sand nicht sonderlich fest stehen. Erst nach längerer Diskussion einigte man sich auf eine neutrale Lösung: Der kluge Mann baut sein Haus auf einen festen Untergrund.

Von Blaine Turner, Papua-Neuguinea

Auf Sand gebaut (2)

Die Karakalpaken leben in einer Wüstengegend in Zentralasien. Bei ihnen sind alle Häuser auf Sand gebaut, es gibt gar keine andere Wahl. Wörtlich übersetzt würde der Bibeltext über den Hausbau in Matthäus 7,24-27 also ausdrücken, dass alle Karakalpaken töricht sind. Damit wäre der Sinn der Stelle sicher nicht getroffen.

Nach einigem Suchen stellten die Übersetzer allerdings fest, dass man in ihrer Sprache zwei Arten von Sand unterscheidet: „kara kum", den festgebackenen roten Sand der Wüste, und „shege kum", den lockeren gelben Sand an den Flussufern. Auf den losen Ufersand würde kein Karakalpake sein Haus bauen, das wäre zu unsicher. Nur der festgebackene Wüstensand wird als Baugrund benutzt. So wurde „shege kum" für das Gleichnis benutzt, und damit ist der törichte Mann in Jesu Gleichnis wirklich töricht.

Sand
Hausbau
Weisheit

Ein unmögliches Feuer

In Jakobus 3,5 lesen wir: „Siehe, ein kleines Feuer setzt doch einen großen Wald in Brand!" Man sollte meinen, dies sei ein einfacher Vers, um ihn in die Sprache von

Worte
Zunge

57

Leuten zu übersetzen, die an offenen Feuern kochen und inmitten unendlicher Wälder wohnen. Es bereitet auch keinerlei Schwierigkeiten, die richtigen Wörter zu finden, aber warum sieht Manuel mich so merkwürdig an? Ich sollte es bald herausfinden. Er erinnert mich daran, dass es im tropischen Regenwald einfach nicht vorkommt, dass der Wald brennt. Von den täglichen Regengüssen ist es viel zu nass, und jeder weiß das. Jakobus gebraucht dieses Beispiel, um zu veranschaulichen, welch eine schlimme Auswirkung unsere Worte haben können.

Eine wörtliche Übersetzung ins Ketschua jedoch würde dies keineswegs veranschaulichen, sondern nur den Eindruck vermitteln, dass Jakobus keine Ahnung hat, wovon er redet, und deshalb nicht besonders ernst genommen werden kann. Dieses Beispiel zeigt, dass bei der Bibelübersetzung auch die Lebensweise der Leute und die Umgebung berücksichtigt werden muss.

Von Christa Tödter, Peru

Das Ziel im Auge behalten

Nachfolge
Ziel „Niemand, der auf ein Tier zielt, schaut zur Seite, wenn er den Speer schleudert; denn wenn er wegschaut, verfehlt er sein Ziel. Entsprechend zielgerichtet müsst auch ihr unter Gottes Herrschaft handeln." Erkennen Sie diesen Vers wieder? Richtig: „Niemand, der die Hand an den Pflug legt und sieht zurück, ist geeignet für das Reich Gottes." (Lukas 9,62)

Beim Toposa-Volk im Sudan ist das Pflügen nicht

bekannt, so dass man das nicht so einfach sagen kann. Was wollte Jesus mit diesem bildhaften Vergleich zum Ausdruck bringen? Beim Pflügen kommt es darauf an, nach vorne zu sehen und die Pflugschar auf das Ziel ausgerichtet zu halten, damit die Furchen alle geradlinig werden. Wenn man dabei den Kopf nach hinten dreht, weicht das Gespann gleich von der richtigen Richtung ab. So haben wir es gewagt, den obigen Vergleich zu probieren und zu testen, ob das Resultat in etwa gleichwertig ist. Alle Antworten auf unsere Fragen bewiesen es: Jetzt kommt die Warnung genau rüber, die der Herr all denjenigen Jüngern geben wollte, die in Gefahr waren, sich von anderen Dingen ablenken zu lassen.

Von Martin und Helga Schröder, Kenia

Der Bote Gottes

Die Bibelübersetzer aus dem Burunge-Volk (Tansania) haben lange nach einem Wort für „Gottes Boten" oder „Propheten" gesucht. Schließlich entschieden sie sich für ein Wort, das im Zusammenhang mit ihren Hochzeitsbräuchen steht: „kwaslummuday". Wenn ein Mann aus dem Burunge-Volk heiraten möchte, muss er sich eine Person seines Vertrauens suchen und diese zur Familie seines auserwählten Mädchens schicken. Dieser Bote muss dann im Auftrag des künftigen Bräutigams bei den Eltern um die Hand des Mädchens anhalten. Ähnlich wie ein „kwaslummuday" sind Gottes Boten beauftragt, andere in den Bund mit dem lebendigen Gott einzuladen.

Bote
Bund
Gesandter
Hochzeit

Beten

Bitte
Gebet
Vater Als das Evangelium zum ersten Mal unter dem Folopa-Volk in Papua-Neuguinea verbreitet wurde, musste ein Wort für „beten" gesucht werden. Bevor die Folopa Christen wurden, hatten sie niemanden, zu dem sie hätten beten können, also gab es auch kein Wort dafür. Irgendwann wurde ein Wort gewählt, das ihrem Verständnis nach der Bedeutung am nächsten kam: das Wort „hoso". Es war ein altes Folopa-Wort, das nun mit der neuen Bedeutung „beten" gefüllt wurde.

Wycliff-Mitarbeiter Neil Anderson berichtet: „Als wir uns zum ersten Mal am Übersetzungstisch über das Gebet unterhielten, wunderte ich mich über das Wort „hoso". Es schien eher etwas mit einer Beschwörungsformel zu tun zu haben! Doch die Folopa-Christen waren an dieses Wort gewöhnt und so sagte ich mir, dass es ja öfters vorkommt, dass Wörter mit der Zeit eine neue Bedeutung annehmen.

Als wir einmal Besuch von einem Übersetzungsberater hatten, wollte dieser der Bedeutung von „hoso" auf den Grund gehen. Er fragte: „Wie habt ihr dieses Wort früher verwendet, bevor ihr begonnen habt, es für das Beten zu Gott zu verwenden?" Sie berichteten: „Gewöhnlich haben wir es bei der Jagd gebraucht, oder wenn wir unsere Gärten bestellt haben. Oder zum Beispiel, wenn wir wollten, dass ein Schwein groß wird und gesund heranwächst: Dann beugten wir uns nieder, bis unser Mund dem Hals und den Ohren des Schweins ganz nahe kam und dann wiederholten wir die Sprüche." – „Hattet ihr dafür eine bestimmte Formel?" – „Ja. Man musste das ganz genau einhalten und man musste genau die gleichen Worte wiederholen." – „Und beim Gartenbau?" – „Da benutzten wir es für jeden einzelnen Arbeitsvorgang, sogar schon beim Bauen der Gartenzäune. Um den Zaun richtig zu machen, mussten wir den Stiel der Axt mit bestimmten Blättern umwickeln und ein spezielles ‚hoso' darüber sprechen. Beim Vorbereiten der Erde hatten wir einen anderen speziellen Spruch. Später, wenn die ersten Schösslinge hervorkamen, beugten wir uns nieder und sagten ein ‚hoso'. Sobald die Pflanzen größer wurden, gab es ein anderes ‚hoso', das den Untergrund vor Käfern und anderen Insekten schützte." – „Hat das funktioniert?" – „Wer kann das wissen", antworteten sie. „Die Leute machten es immer so; alle."

Der Berater fragte, ob es noch ein anderes Wort gäbe, das man für „beten" verwenden könnte. Ich schlug „moma" vor, obwohl mir die Folopa-Christen schon länger signalisiert hatten, dass sie dieses Wort nicht nehmen wollten. „Moma" bezeichnete in den früheren Jahren so etwas wie ein Reden zu den mächtigen Geistwesen, besonders zu den Geistern von verstorbenen Menschen. Es handelte sich hier um keine Beschwörungsformel und es war auch keine bestimmte Methode, sondern es war eher etwas Spontanes und konnte je nach Situation variieren. Die Christen hatten diesen Begriff nicht wegen seiner Bedeutung als Verb abgelehnt, sondern wegen der Adressaten, an die man sich wendete.

Ein Folopa-Christ fasste schließlich sehr treffend zusammen: „Bei ‚hoso' geht es darum, dass man spezielle Worte genau richtig wiederholt, darin liegt die Kraft. Bei ‚moma' ist das etwas anderes. Hier geht die Kraft von dem Geist aus, an den man sich wendet."

Und wie ist es nun bei uns Christen? Die Kraft liegt nicht in den Worten, die wir sprechen, sondern in der angesprochenen Person. Also entspricht ‚moma' viel eher dem, was mit einem Gebet gemeint ist, das sich vertrauensvoll an den Vater wendet."

Euer Widersacher, der Teufel...

Feindschaft
Streit
Satan
Widersacher

Im westafrikanischen Ghana erzählt man sich eine Fabel, welche die Aktivitäten des Teufels so illustriert:

Es gab einmal drei Anführer im Urwald, den Löwen, den Leoparden und die Pythonschlange. Keiner von ihnen war vollkommen: der Löwe hatte eine Phobie vor Schmutz, der Leopard konnte es nicht ertragen, wenn man ihn anstarrte, und die Schlange hatte Angst davor, dass man auf sie treten könnte.

Eines Tages kamen sie zu einem Treffen zusammen und hielten nach dem Essen ihren Mittagsschlaf. Ein kleiner Ameisenlöwe (Insektenlarve) hatte gehört, wie sie einander versprochen hatten, sich nie gegenseitig zu beleidigen. Boshaft beschloss er, ihre Loyalität zu testen. Er kroch zum Löwen und fing an, ein Loch zu graben und Dreck auf seine Nase zu werfen. Der Löwe sprang auf, starrte den Leoparden an und beschuldigte seinen Freund, ihn beschmutzt zu haben. Beide Tiere fingen an zu kämpfen, und dabei trat der Leopard auf die Pythonschlange, die nun auch mitkämpfte. In der Schlacht, die sich daraus entwickelte, starben alle drei Tiere. Der ganze Urwald war wie betäubt: Wie konnten so freund-

62

liche, sanfte und verantwortliche Leiter dazu kommen, einander zu töten?

In 1. Petrus 5,8 steht: „Euer Widersacher, der Teufel, geht umher wie ein brüllender Löwe und sucht, wen er verschlinge." Die Bibelübersetzer im Konkomba-Volk übersetzten das so: „Der Teufel ist wie der Ameisenlöwe. Er kommt nur um zu töten, zu stehlen und zu vernichten."

Von Ronaldo Lidorio, in: Von Furcht befreit (WEC)

Friede bedeutet: Mein Herz setzt sich nieder

„Friede" kann man negativ und positiv definieren: Negativ ist es ein Zustand, in dem kein Krieg herrscht; im positiven Sinn ist es das stille Vertrauen in Gott als dem Herrscher und Erhalter der Welt.

Friede

Die Übersetzung der negativen Bedeutung ist recht einfach: „kein Krieg". Die Übersetzung des positiven Elements in diesem Wort verlangt häufig einen bildhaften Ausdruck.

Beim Gbeapo-Volk in Liberia wird folgender Ausdruck verwendet: „mein Herz setzt sich nieder". Unstetes Umherwandern inmitten der Ungewissheit des Lebens ist hier ausgeschlossen. In der Gewissheit, dass Gott über Vergangenheit, Gegenwart und Zukunft herrscht, darf sich das Herz Ruhe gönnen.

Quelle: Nida, Gott spricht viele Sprachen

Gott lieben heißt:
mein Herz geht mit Gott

Gott lieben

Das Leben, das aus dem Glauben kommt, ist nicht allein eine Folge des aus Liebe getragenen Leidens Christi; es wird auch durch die Liebe erhalten. Und nicht nur durch Gottes Liebe zu uns, sondern auch durch unsere Liebe zu Gott, die für uns Grundlage aller Gemeinschaft und höchste geistige Freude ist. Die Zapotec-Indianer in den Bergen von Oaxaca (Mexiko), die einen Mitla-Dialekt sprechen, beschreiben diese Liebe mit den Worten „mein Herz geht mit Gott". Man kann in einem gewissen Sinne sagen, dass unsere Herzen nicht mehr uns gehören. Sie gehören ihm, und der Gegenstand unserer Liebe ist nicht hier auf der Erde. Wie Pilger ohne bleibende Stätte sehnen wir uns nach jener Gemeinschaft, die nur der Himmel schenken kann.

Quelle: Nida, Gott spricht viele Sprachen

Glauben heißt, auf Jesus liegen

Glaube
Vertrauen

„Vertrauen" bzw. „Glauben" sind abstrakte Begriffe, die in vielen Sprachen Westafrikas nur mit Hilfe von bildhaften Formulierungen ausgedrückt werden können. Dazu kommt, dass viele Völker Westafrikas traditionell eher von Misstrauen geprägt sind – vor allem Leuten gegenüber, mit denen sie nicht verwandt sind. Deshalb war es zumindest in früheren Zeiten ausgeschlossen, von Fremden Essen anzunehmen, denn die Nahrung hätte vergiftet sein können. Und man übernachtete auch nicht bei anderen Leuten, denn das hätte ja bedeutet, dass man sich ihnen schutzlos ausliefert.

Wenn also in Westafrika jemand einer anderen Person vertraut, dann kann er getrost das Essen zu sich nehmen, das ihm vorgesetzt wird, und er kann sich auch vertrauensvoll im Haus des Gastgebers schlafen legen. Vor diesem Hintergrund versteht man die Bilder, mit denen der Glaube an Jesus in mehreren westafrikanischen Sprachen ausgedrückt werden kann: Glauben heißt, auf Jesus liegen. Glauben heißt, neben Jesus liegen bzw. schlafen. Glauben heißt, mit Jesus im gleichen Raum schlafen.

Jesus nachfolgen

Ein Kaingang-Indianer wunderte sich: „Die Brasilianer sagen, man müsse Jesus ,nachfolgen'. Das kann man doch gar nicht! Dann müsste man ja nach Israel reisen und suchen, wo Jesus seinen Fuß hingesetzt hat, um genau dort seinen eigenen Fuß hinzusetzen. Denn das heißt es für uns, wenn wir ,nachfolgen' hören. Wir Kaingang sagen das anders: Wir wollen mit Jesus mitlaufen, sein Mit-Tuer sein!"

Beispiel Nachfolge

Mitläufer sein? Im Deutschen bedeutet das ja genau das Gegenteil! Kein Wunder, dass die Kaingang das Evangelium auf Portugiesisch nie verstehen konnten, auch wenn sie das beileibe nicht zugegeben hätten. Sie konnten ja auch nicht ahnen, dass der Grund dafür nichts mit ihrer Intelligenz zu tun hatte – wie oft wurden sie als dumm verschrien!

Von Ursula Wiesemann, Brasilien

Ein Tröster ist der, der den Seelen Wärme gibt

Ermutigung
Hilfe
Trost
Wärme

Möglicherweise ist kein Wort des Neuen Testaments so schwer zu übersetzen wie das Wort „Tröster" (Johannes 14,16). Das griechische Wort „Paraklet" besitzt einen großen Bedeutungsumfang, denn in ihm ist nicht nur „trösten" enthalten, sondern auch „ermahnen", „ermuntern", „ermutigen", „helfen". Es ist schwer, alle diese Bedeutungen in ein Wort zu bringen, doch der Übersetzer muss versuchen, einen Ausdruck zu finden, der den Menschen eine Vorstellung vom einzigartigen Mysterium des Heiligen Geistes gibt.

In einem der Otomi-Dialekte der Indianer in Zentralmexiko schlugen die einheimischen Gläubigen die Wendung vor: „Der, der den Seelen Wärme gibt". Wie gut kann man sich das Bild eines kalten Herzens in einem kalten Leben vorstellen, das im lebendigen Wort Trost sucht und im Walten des Heiligen Geistes die Wärme findet, die die Seele so notwendig braucht, um in der eisigen Atmosphäre der Sünde und der irdischen Kümmernisse zu bestehen.

Quelle: Nida, Gott spricht viele Sprachen

Krone oder Ohrring?

Belohnung
Krone
Siegeskranz
Triumph

In Offenbarung 3,11 heißt es: „Ich komme bald. Haltet fest, was ihr habt, damit euch niemand eure Krone nimmt." Für das Wort „Krone" – oder in anderen Übersetzungen „Siegeskranz" – hat ein Übersetzer aus dem

Burunge-Volk, Pastor John, das Wort „aliya" vorgeschlagen, was eine besondere Art von Ohrringen bezeichnet. „Ich hätte hier aber das Wort ‚hhama' eingesetzt", wendet ein anderer aus dem Übersetzungsteam ein. Welcher der beiden Vorschläge ist treffender?

Eine „hhama" ist wirklich eine Krone, da sind sich alle einig. Sie besteht aus Glasperlen und Muscheln und wird auf dem Kopf getragen. Eine „hhama" setzt man einer Person beim Erreichen eines bestimmten Lebensabschnitts auf, z.b. nachdem ein Junge beschnitten wurde oder wenn ein Mädchen in den Kreis der Frauen aufgenommen wird; auch Brautleute tragen eine „hhama" am Tag ihrer Hochzeit. Eine „aliya" dagegen ist wie eine Medaille und wird am Ohr getragen. Sie ist eine ganz besondere Auszeichnung für eine mutige Person, z.B. für den Helden in einer Schlacht oder wenn jemand ein gefährliches Tier wie etwa einen Löwen erlegt hat. Welches dieser beiden Wörter bringt die Bedeutung des Grundtextes besser zum Ausdruck? Einer der Mitarbeiter fasst die Diskussion des Teams zusammen und sagt: „Wenn wir ‚aliya' (also die besonderen Ohrringe) stehen lassen, kommt für uns Burunge viel klarer rüber, dass es in diesem Vers um das Triumphieren über das Böse geht."

Huhn und Sperber

In 1. Johannes 5,18 steht: „Wir wissen, dass ein Kind Gottes nicht sündigt. Der Sohn Gottes schützt es, damit der Satan ihm nicht schaden kann." In der Übersetzung, die für das Ciramba-Volk in Burkina Faso angefertigt

Schutz

Satan

Feind

67

worden war, lautete dieser Vers folgendermaßen: „Wir wissen, dass ein Kind Gottes nicht sündigt. Der Sohn Gottes ist da und schützt es, und *das Auge des Feindes ist auf ihm.*" Auf den ersten Blick sieht es so aus, als wäre die Tatsache, dass der Feind nichts ausrichten kann, in der Übersetzung verloren gegangen. Anhand eines Beispiels erklärt ein Ciramba-Christ, dass der Vers durchaus richtig übersetzt wurde: „Bei uns muss man immer aufpassen, dass Küken nicht frei und ungeschützt herumlaufen. Denn überall gibt es Sperber, die nur darauf lauern, sich auf die Küken zu stürzen und sie zu fressen. Wenn die Küken allerdings ganz in der Nähe der Henne sind, wagt der Sperber es nicht, anzugreifen, denn die Henne schützt ihre Jungen. In unserer Sprache sagen wir dann: Der Sperber hat (nur) das Auge auf den Küken."

„Das Auge auf jemandem haben" hat in der Sprache der Ciramba also eine andere Bedeutung, als man vom Deutschen her vermuten würde: Es bedeutet, dass man nur beobachten, aber nichts ausrichten kann. Genau wie das Küken ist das Kind Gottes geschützt, Satan kann nichts ausrichten.

Von Idda Niggli, Burkina Faso

Traurige Weihnachtsgeschichte

Weihnachten
Gastfreundschaft
Sünde

Die Weihnachtsgeschichte im Lukas-Evangelium ist eine frohe Botschaft für die ganze Welt – so denken wir jedenfalls. Umso überraschender die Reaktion eines indianischen Bibelübersetzers: „Das ist ja die traurigste Geschichte, die wir bis jetzt übersetzt haben", war sein

Kommentar. „So viel Sünde in einer einzigen Geschichte… na ja, wir können sicher irgendetwas daraus lernen." Der Wycliff-Mitarbeiter, der die Geschichte mit dem indianischen Übersetzer zusammen bearbeitet hatte, fragte sich, ob sie wirklich beide die gleiche Geschichte meinten. „Siehst du", erklärte der Indianer geduldig, „Maria war schwanger, bevor sie Joseph geheiratet hatte. Bei uns ist das jedenfalls eine Sünde, allerdings nur eine kleine, es passiert ja alle Tage. Aber dann, als sie nach Bethlehem kamen, gab ihnen niemand einen Platz zum Übernachten. Nicht gastfreundlich zu sein, das ist wirklich schlimm, niemand hier bei uns würde jemand wegschicken, der um ein Nachtquartier bittet. Die Leute dort waren wohl ärgerlich über die erste Sünde. Aber als sie das Paar wegschickten, begingen sie eine noch schlimmere Sünde.

Dann muss das Verhalten der Leute von Bethlehem die Maria so getroffen haben, dass sie nach der Geburt ihr Kind auch noch hingelegt hat. Eine gute Mutter hält ihr Kind doch bei sich und trägt es immer mit sich herum. Nur wer sein Kind nicht haben will, legt es hin, und das ist eine noch schwerere Sünde. Aber das war nicht alles: Sie legte ihr Kind auch noch in die Futterkrippe. Was könnte schlimmer sein als sein Kind den Tieren zum Fressen hinzulegen? Siehst du, so wurde aus einer kleinen Sünde eine Folge von viel schwereren Sünden. Das ist es wohl, was wir aus der Geschichte lernen können!"

Offensichtlich hatte der Indianer Marias Verhalten nach den Moralvorstellungen seines Volkes beurteilt und darum so viele Sachen missverstanden. Durch einige Korrekturen in der Übersetzung wurden die Missverständnisse ausgeräumt. So wurde aus der traurigen Geschichte doch noch eine frohe Weihnachtsbotschaft.

Von Diana Green, Südamerika

Von Männern und Frauen

Frau

Mann

Schöpfung Das war noch nie vorgekommen: Mein Mitübersetzer aus dem Binumarien-Volk, mit dem ich schon so lange und so gut zusammenarbeitete, weigerte sich, einen Bibelvers zu übersetzen! Es ging um die Schöpfungsgeschichte, genauer gesagt 1. Mose 1,27: „Und Gott schuf den Menschen zu seinem Bilde, zum Bilde Gottes schuf er ihn; und er schuf sie als Mann und Frau." Der Übersetzer regte sich geradezu auf und rief: „Nein! Das ist falsch, das kann ich nicht glauben, das ist falsch!"

Der Grund für seine Ablehnung war bald gefunden: Der Überlieferung der Binumarien zufolge hatte Gott Adam und Eva beide als Männer erschaffen! Eva jedoch ließ sich täuschen und führte auch Adam in Versuchung. Als Strafe dafür verwandelte Gott Eva in eine Frau. So sah das auch mein Mitarbeiter. Bis heute hat diese Überlieferung zur Folge, dass Frauen bei den Binumarien als unrein und minderwertig gelten. Auch die Geburt eines Kindes wurde als etwas Abstoßendes, Furchterregendes empfunden. Wenn eine Frau ein Kind erwartete, musste sie in ein eigens für diesen Zweck abgesondertes Haus am Dorfrand ziehen. Wenn der Wind den Rauch von diesem Haus ins Dorf trug, herrschte Angst und Schrecken und alle fingen laut an zu rufen: „Wir sind verdammt, hinaus aus dem Dorf, irgendwohin!"

Streitgespräche über dieses Thema würden zu nichts führen, also ließ ich die Sache zunächst einmal auf sich beruhen. Bis wir in 1. Mose 2 bei Vers 25 anlangten. Dort heißt es: „Und sie waren beide nackt, der Mensch und seine Frau, und schämten sich nicht." Ich fragte: „Warum wird hier besonders erwähnt, dass sie sich nicht schämten? Wenn sie beide Männer gewesen wären, hätte es doch gar keinen Grund gegeben, sich zu schämen." Mein Mitübersetzer stutzte und dachte nach. Dann wurde ihm plötzlich alles klar. Jetzt verstand er, dass alles, was in der Bibel steht, wahr ist. Er ging sofort zu seinen Leuten hinaus und sagte: „Wisst ihr was? Wir glaubten immer, dass es eine Strafe ist, eine Frau zu sein. Das stimmt gar nicht. Gott schuf Mann und Frau beide von Anfang an." Diese Nachricht verbreitete sich in Windeseile im ganzen Dorf, ja, sie drang sogar bis in die Nachbardörfer: Mann und Frau sind beide von Anfang an geschaffen. Es war keine Strafe, eine Frau zu sein. Die Frau war also nicht weniger wert als der Mann.

Diese Nachricht bewirkte tiefgreifende Veränderungen und eine Heilung der Beziehungen zwischen Männern und Frauen. Das Verhalten der Männer ihren Frauen und Kindern gegenüber veränderte sich, und damit das ganze Familienleben. So kann Gottes Wort Probleme aufdecken, von denen wir nicht einmal ahnen, dass es sie gibt.

Von Desmond Oatridge, Papua-Neuguinea

Schnee

Schnee Was ist das reinste Weiß für ein Volk, das weder synthetische Farben noch chemische Bleichmittel kennt? Der Schnee natürlich. Diesen Umstand machten sich auch mehrere Autoren von biblischen Büchern zunutze. Schnee ist in Israel zwar relativ selten, und durchaus nicht jeder Jude zur Zeit Jesu hat einmal welchen in der Hand gehabt, aber an klaren Tagen kann man ihn immerhin auf dem Gipfel des Berges Hermon glänzen sehen.

Wie aber soll man dieses Wort für Völker übersetzen, bei denen niemals Schnee fällt und die deshalb auch kein Wort dafür kennen? Der Übersetzer für die Sharanahua-Indianer im Urwald von Peru stand vor diesem Problem. Er versuchte also herauszufinden, welchen Vergleich die Sharanahua gebrauchen würden, um besonders reines Weiß zu beschreiben. Dabei stieß er auf eine interessante Wendung: Ein wichtiges Nahrungsmittel der Indianer ist die Wurzelknolle der Yucca-Palme, und eine frisch geschälte Yucca-Knolle ist für die Indianer der Inbegriff von reinem Weiß. So ist in ihrer Bibel das Kleid des Engels „weiß wie frischer Yucca".

Propheten

Prophet
Wahrsager In einem asiatischen Volk sind Wahrsager und Astrologen bekannt, aber dieses Volk hat kein Wort für Propheten, also für Menschen, die im direkten Auftrag Gottes reden. Deshalb haben sich die Übersetzer eine neue Formulierung ausgedacht: „Menschen, die sagen, was Gott

im Sinn hat." So kann eine Bibelübersetzung durch Neuschöpfungen den Wortschatz einer Sprache bereichern.

Steine aus Eis

In der Geschichte von den ägyptischen Plagen wird **Hagel** berichtet, dass die siebte Plage ein Hagelsturm war (2. Mose 9). Das philippinische Tagakaulo-Volk hat allerdings kein Wort für Hagel, weil es in ihrer Gegend noch nie gehagelt hatte. Nach langer Diskussion unter den Übersetzern einigten sie sich auf die Formulierung „Steine aus Eis". Einige Tage später saß eine der Übersetzerinnen mit ein paar Frauen zusammen und ging den Text mit ihnen durch, um zu prüfen, ob alles gut verständlich war. Während sie die Geschichte von den Plagen lasen, zog ein schwerer Gewittersturm über ihre Insel. Erst rauschte schwerer Regen auf das Wellblechdach, aber plötzlich wurde das Geräusch härter und lauter. Alle rannten nach draußen, und tatsächlich, vom Himmel prasselten „Steine aus Eis" – zum ersten Mal in dieser Gegend! So konnten die Tagakaulo an diesem Tag den neuen Begriff verwenden und bekamen auch gleich himmlischen Anschauungsunterricht.

Von Scott und Becky Burton, Philippinen

Mein Herz sitzt im Öl

Freude

Herz

In einigen Völkern Westafrikas ist das Symbol für Reichtum und Wohlbefinden das Öl. Wer genug Speiseöl hat, dem geht es gut. Deshalb sind Festessen besonders ölig! „Riz gras", also „fettiger Reis", ist deshalb auch ein Festessen bzw. das Lieblingsessen von vielen Menschen in Westafrika. Wenn sich die Menschen im Toura-Volk an der Elfenbeinküste von Herzen freuen, dann sagen sie: „Mein Herz sitzt im Öl".

Stichwortregister

Verzeichnis der Bibelstellen

Wycliff

steht für Bibelübersetzung, Sprachforschung und Schulbildung.

Die Vision

Jeder Mensch aus jedem Volk versteht die Bibel klar und deutlich. Das geht am besten über die Muttersprache. Je nachdem, was den Menschen besser dient, kann die übersetzte Bibel dann ein Hörbuch oder ein gedrucktes Buch sein.

Das Glaubensziel

Bis zum Jahr 2025 wurde in jedem Volk, das noch eine Bibelübersetzung benötigt, ein Übersetzungsprojekt begonnen.

Adressen

In Deutschland:

Wycliff e.V., Siegenweg 32, 57299 Burbach
www.wycliff.de

In Österreich:

Wycliff-Bibelübersetzer, Passaustr. 19, 4030 Linz
www.wycliff.at

In der Schweiz:

Wycliffe Schweiz, Poststr. 16, 2504 Biel
www.wycliffe.ch